KB273096

작은 부자를 위한
상속·증여세와 경영권 승계

중산층·자영업자·중소기업 오너를 위한 상속·증여·승계의 현실적 설계

작은 부자를 위한 상속·증여세와 경영권 승계

임방진·박재정·한준호 지음

매일경제신문사

부(富)의 마지막 관문,
준비된 자만이 통과할 수 있습니다

"상속세는 재벌들만의 이야기 아닙니까?"
회계사로서 상담 현장에서 가장 자주 듣는 말입니다.

그러나 저의 대답은 늘 같습니다.
"아니요, 이제는 바로 당신의 이야기입니다."

지난 수십 년간 대한민국의 자산 시장은 눈부신 상승을 거듭해왔습니다. 서울과 주요 광역시의 아파트 한 채, 상가 하나, 여기에 평생 모은 예금과 주식 몇 억 원이 더해지면 상속세 과세 대상이 되는 것은 어렵지 않은 시대가 되었습니다. 부동산 가격의 급등과 자산 시장의 팽창이, 평생 성실하게 살아온 중산층·자영업자·중소기업 오너들을 자연스럽게 '상속세 납세자'의 범주로 밀어 넣었습니다.

이 책에서 말하는 '작은 부자'는 수천억 원대 자산을 가진 초고액 자산가가 아닙니다. 예를 들어, 서울·수도권 아파트 한두 채와 상가 혹은 꼬마빌딩, 수억 원에서 수십억 원의 금융자산, 그리고 매출 수백억 원에서 1,000억 원대의 비상장 중소기업을 보유한 창업자와 그 가족분들입니다. 또한, 상속세·증여세의 기준으로 보자면 결코 작은 규모는 아니지만, 갑자기 수십억 원의 세금을 현금으로 낼 수 있는 여력도, 가족을 돕는 전담 재무팀도 없는 분들을 의미합니다.

상속과 증여는 단순히 세금을 계산해 납부하는 기술적인 절차가 아닙니다. 한 세대가 평생을 바쳐 이룩한 삶의 결과물을 다음 세대로 온전히 넘겨주는 과정이며, 남은 가족들의 경제적 자립과 화합을 지켜내기 위한 마지막 책임입니다.

그럼에도 많은 분들이 '설마 우리 집까지…'라는 안일함과 '나중에 생각해보자'라는 미루기에 기대어, 호미로도 충분히 막을 수 있었던 일을 가래로도 막기 어려운 상황으로 키워버리곤 합니다. 이 책은 그런 시대적 변화 속에서 갈피를 잡지 못하는 '작은 부자'를 위한 실전 지침서입니다.

PART 01에서는 왜 '지금' 상속과 증여를 고민해야 하는지를 다룹니다. 자산가치의 상승과 세법 구조의 변화를 통해 상속세가 더 이상 남의 이야기가 아님을 설명하고, 특히 60대라는 시간이 왜 자산 이전의 골든타임인지, 시간이 어떻게 현금 못지않게 강력한 절세 수단이 되는

지를 짚어봅니다.

PART 02와 PART 03에서는 복잡하게 느껴지는 상속·증여세의 계산 구조를 차근차근 해부하고, 부동산·금융자산·비상장 주식 등 자산 유형별로 다른 과세 체계와 절세 포인트를 정리합니다. 시가 평가의 원칙과 예외, 부담부증여의 득실, 이월과세와 10년 합산과세의 영향, 가업승계 지원 제도의 허와 실을 냉정하게 분석해, 독자 각자의 상황에 맞는 현실적인 해법을 찾을 수 있도록 돕고자 했습니다.

마지막 PART 04에서는 세금 표를 넘어선 문제, 즉 가족 간 분쟁 예방과 유언, 그리고 사후 리스크 관리에 대해 이야기합니다. 절세만큼이나 중요한 것은 가족의 평화이며, 공평하다고 믿었던 분배가 오히려 갈등의 불씨가 되는 일이 없도록 하기 위한 장치들을 소개합니다.

세법은 권리 위에 잠자는 자를 보호하지 않습니다. 그러나 한편으로, 미리 준비하고 깨어 있는 자에게는 법의 테두리 안에서 자산을 지킬 수 있는 수많은 기회를 허용합니다. 같은 재산, 같은 가족이라도 언제, 어떤 순서로, 어떤 방식으로 이전하느냐에 따라 결과는 전혀 달라질 수 있습니다.

이 책은 '세금을 한 푼도 내지 않고 물려주는 비법'을 약속하지는 않습니다. 대신, 법이 허용하는 범위 안에서 합리적으로 세 부담을 줄이고, 가족과 가업을 지키며, 당신의 삶의 궤적에 어울리는 '품위 있는 마무리'를 설계하는 데 필요한 지식과 생각의 틀을 제공하고자 합니다.

상속과 증여, 가업승계는 누구에게나 불편한 주제입니다. 부모 세대에게는 '죽음을 전제로 한 이야기'이고, 자녀 세대에게는 '부모의 재산을 먼저 계산하는 것 같은 불편함'을 동반합니다.

그럼에도 불구하고, 누군가는 이 이야기를 먼저 꺼내야 합니다. 그 대화가 70대 부모의 용기든, 40대 자녀의 결심이든, 혹은 회사의 CEO나 오너의 오랜 친구든 상관없습니다. 중요한 것은 '준비하지 않으면, 남겨진 사람들이 대신 대가를 치른다'라는 사실을 직시하는 것입니다.

이 책이 그 불편한 대화를 조금 더 자연스럽게, 조금 더 구체적으로 시작할 수 있는 실질적인 도구가 되었으면 합니다. 이를 통해 여러분의 소중한 자산을 지키고, 아름다운 승계를 완성하는 길 위에서 가장 든든한 나침반이 되기를 진심으로 바랍니다.

지은이 일동

차례

왜 지금 상속과 증여를 고민해야 하는가

세금이 자산을 잠식하는 시대,
'작은 부자'의 착각

나는 과세 대상이 아닐 줄 알았습니다 :
현실이 된 상속세

"상속세는 일부 재벌이나 초고액 자산가들만 내는 세금 아닙니까?"

과거에는 이러한 인식이 통용되었지만, 이제는 현실과 큰 괴리가 생겼습니다. 지난 20여 년간 이어진 자산 가격의 폭발적 상승, 특히 부동산 가치의 급등은 평범한 중산층 가구마저 상속세 과세 대상으로 편입시키는 결정적 계기가 되었습니다. 과거 수억 원에 불과했던 부동산이 이제 수십억 원을 호가하면서, 본인의 의사와 무관하게 상속세 납부 의무자가 되는 사례가 급증하고 있습니다.

오늘날, 서울 및 주요 광역시의 아파트 한 채만으로도 상속세 과세

기준을 넘어서는 사례가 비일비재합니다. 이는 자산 형성 과정의 성실함이나 소유자의 인식과는 무관하게, 세법이 '현재의 시장 가치'를 기준으로 상속재산을 평가하기 때문에 발생하는 필연적 현상입니다.

현행 '상속세 및 증여세법' 제60조(평가의 원칙 등)는 상속재산의 가액을 상속개시일 현재의 '시가(時價)'에 따름을 대원칙으로 규정합니다. 여기서 상속개시일이란 '민법' 제997조에 따라 피상속인이 사망한 날을 의미하며, 시가란 불특정 다수인 사이에 자유롭게 거래가 이루어지는 경우에 통상적으로 성립된다고 인정되는 가액을 말합니다.

가령 30년 전 2억 원에 취득한 주택의 현재 시세가 25억 원이라면, 상속세는 취득가액이 아닌 25억 원을 기준으로 계산됩니다. 이는 자산 가치 상승에 따른 미실현이익에 대해 과세하는 것과 같은 효과를 낳으며, 수십 년에 걸친 자산가치 상승분이 한순간에 거대한 세금 부담으로 돌아오는 '세금 폭탄'이 현실화되는 구조적 원인입니다.

많은 분들이 상속공제 제도가 있어 괜찮을 것이라고 막연히 생각하지만, 이 또한 현실의 벽에 부딪히기 쉽습니다. 예를 들어, 배우자가 생존해 있을 경우 적용되는 배우자 상속공제(최소 5억 원에서 최대 30억 원 한도)나 모든 상속에 기본적으로 적용될 수 있는 일괄공제(5억 원)는 상속세를 줄여주는 중요한 장치입니다. 그러나 이러한 공제 제도는 '정해진 한도 내에서' 실제 상속받는 재산 가액을 기준으로 적용될 뿐, 과세 자체를 면제해주는 절대적인 방패가 되지는 못합니다.

더욱 결정적인 함정은 우리나라가 채택한 '유산세' 과세 방식에 있습니다. 유산세는 상속인 각자가 물려받는 재산을 기준으로 개별 과세하는 '유산취득세'와 달리, 피상속인이 남긴 전체 유산 총액을 기준으로 세율이 결정됩니다. 따라서 상속재산 총액이 크면 클수록 높은 누진세율이 적용되며, 그 결과로 산출된 총상속세액을 상속인들이 각자의 상속 지분대로 나누어 부담하게 됩니다. 자녀 각자가 상속받는 금액은 세율이 낮은 구간에 해당하더라도, 전체 유산 규모가 크다면 높은 세율로 계산된 세금을 납부해야 하는 구조인 것입니다.

이로 인해 상속인들은 '자산은 많지만 현금은 없는' 상태에서 상속 개시일로부터 6개월 이내에 큰 세금을 현금으로 납부해야 하는 어려운 현실에 직면할 수 있습니다. 평생 성실하게 일궈온 자산이 세금 문제로 인해 한순간에 위기로 돌변하는 순간이며, 수많은 '작은 부자'들이 바로 이 지점에서 준비 부족을 통감하게 됩니다.

과세표준별 세율 구조와 실질적 세 부담의 이해

우리나라 상속세는 과세표준 금액이 커질수록 세율이 단계적으로 높아지는 5단계 초과누진세율 구조를 채택하고 있습니다. 이는 부의 재분배 기능을 강화하기 위한 취지지만, 자산가에게는 가파른 세 부담 증가로 이어지는 핵심 요인입니다.

과세표준	세율	누진공제액
1억 원 이하	10%	-
1억 원 초과 ~ 5억 원 이하	20%	1,000만 원
5억 원 초과 ~ 10억 원 이하	30%	6,000만 원
10억 원 초과 ~ 30억 원 이하	40%	1억 6,000만 원
30억 원 초과	50%	4억 6,000만 원

(출처 : '상속세 및 증여세법' 제26조)

계산 구조상 과세표준이 특정 구간을 초과할 경우, 초과하는 금액에 대해서만 해당 구간의 높은 세율이 적용됩니다. 예를 들어, 과세표준이 15억 원이라면, 15억 원 전체에 40% 세율이 적용되는 것이 아닙니다. 계산의 편의를 위해 '누진공제액'을 사용하며, 산식은 '(과세표준 × 해당 구간 세율) – 누진공제액'입니다.

● 계산 예시 : 과세표준 15억 원의 산출세액

　➔ (15억 원 × 40%) – 1억 6,000만 원 = 4억 4,000만 원

한편, 상속재산의 대부분이 부동산처럼 현금화가 어려운 자산으로 묶여 있을 경우, 실질적인 부담은 더욱 가중될 수 있습니다. 상속세를 납부하기 위해 상속받은 부동산을 급히 처분할 경우, 양도소득세라는 또 다른 세금 문제가 발생합니다. 상속 시 부동산의 취득가액은 상속세 과세가액으로 평가된 금액이 되므로, 상속 직후 시세대로 매각하면 양도차익이 거의 발생하지 않을 수 있습니다. 그러나 상속 이후 부동산 가격이 상승한 시점에 매각하게 되면, 상당한 양도소득세 부담이 추가로 발생합니다. 결국, '상속세를 내기 위한 자산 매각'이 추가적인 세금

부담을 연쇄적으로 불러일으키는 악순환에 빠질 수 있는 것입니다.

사례로 살펴보는 '작은 부자'의 현실

사례 **서울 서초구 소재 아파트 한 채와 금융자산을 보유한 퇴직 교사 박 선생님**

평생 교직에 몸담으며 성실하게 자산을 형성한 박 선생님(75세)은 배우자와 2명의 자녀를 두고 세상을 떠났습니다. 그의 유산은 다음과 같습니다.

기본 상황 설정

- 서초구 소재 아파트 1채 : 시가 30억 원(해당 아파트 담보대출 잔액 : 5억 원)
- 예금 및 주식 등 금융자산 : 8억 원

박 선생님의 유족들은 총자산이 38억 원이지만, 부채(5억 원)를 제외하면 순자산은 33억 원 수준이고, 오랫동안 살아왔던 아파트 한 채가 거의 전재산이므로 세금 부담이 크지 않을 것이라 예상했습니다.

(1) 상속세 과세가액 산정

총상속재산(38억 원)에서 채무(담보대출 5억 원)와 장례비용(통상 1,000만 원 가정)을 차감하면, 상속세 과세의 기초가 되는 과세가액은 32억 9,000만 원이 됩니다.

(2) 각종 공제 적용 후 과세표준 계산

- 일괄공제 : 5억 원
- 배우자 상속공제 : 법정상속지분(자녀가 2명이므로 1.5/3.5) 내에서 실제 상속받는 금액을 공제받을 수 있으며, 한도는 (과세가액 × 배우자 법정상속지분)과 30억 원 중 적은 금액입니다. 여기서는 약 14.1억 원(32.9억 원 × 1.5/3.5)을 한도로 실제 상속받는 금액만큼 공제 가능합니다. 배우자가 법정상속분만큼 상속받는다고 가정하면 14.1억 원이 공제됩니다.
- 금융재산 상속공제 : 순금융재산(8억 원 − 5억 원 = 3억 원)의 20%인 0.6억 원(최대 2억 원 한도)
- 총공제액 : 5억 원 + 14.1억 원 + 0.6억 원 = 19.7억 원
- 과세표준 : 32.9억 원 − 19.7억 원 = 13.2억 원

(3) 산출세액 계산

과세표준이 10억 원을 초과하고 30억 원 이하 구간에 해당하므로 40%의 세율이 적용됩니다.

산출세액 = (13.2억 원 × 40%) − 1억 6,000만 원(누진공제)

= 3억 6,800만 원

결론적으로 박 선생님의 유족은 상속개시일 후 6개월 내에 약 3억 7,000만 원의 상속세를 현금으로 납부해야 합니다. 당장 동원할 수 있는 현금성 자산인 8억 원의 금융자산 중 절반 가까이를 세금으로 납부해야 할 것입니다.

물론 정부는 이러한 상황을 감안해 부동산 등으로 세금을 내는 '물납'이나, 장기간에 걸쳐 분할 납부하는 '연부연납' 제도를 운영하고 있습니다. 그러나 '상속세 및 증여세법' 제73조에 따른 물납은 상속재산 중 부동산과 유가증권의 가액이 전체 재산가액의 2분의 1을 초과하고, 납부세액이 2,000만 원을 초과하는 등 엄격한 요건을 모두 충족해야만 신청 가능하며, 관리·처분이 부적당하다고 인정되면 허가되지 않아 사실상 활용이 어렵습니다. 또한 동법 제71조의 연부연납 역시 납세 담보를 제공해야 하므로 모든 납세자가 쉽게 이용할 수 있는 제도가 아닙니다. 결국 현금 자산이 부족한 유족들은 상속세를 내기 위해 보유한 주식을 처분하거나, 거주하고 있는 아파트를 급매로 처분해야 하는 상황에 내몰릴 수 있습니다.

상속개시 : 누가, 무엇을, 어떻게 받는가(민법적 기초)

상속세를 이해하기에 앞서, 모든 상속의 법률적 대전제가 되는 '민법'상의 상속 제도를 이해하는 것은 필수입니다. 세금은 법률관계를 바탕으로 부과되므로, 누가 상속인이 되고 재산을 어떻게 나누는지를 알아야 비로소 올바른 세무 전략을 수립할 수 있습니다.

(1) 상속의 순위와 유류분 제도 : 최소한의 권리 보장 장치

피상속인의 재산은 법률이 정한 순서에 따라 상속인에게 이전됩니다. '민법' 제1000조(상속의 순위)는 다음과 같이 그 순위를 명확히 규정하고 있습니다.

- 제1순위 : 피상속인의 직계비속(자녀, 손자녀 등)
- 제2순위 : 피상속인의 직계존속(부모, 조부모 등)
- 제3순위 : 피상속인의 형제자매
- 제4순위 : 피상속인의 4촌 이내의 방계혈족

여기서 피상속인의 배우자는 특별한 지위를 가집니다. '민법' 제1003조(배우자의 상속순위)에 따라, 배우자는 1순위인 직계비속이나 2순위인 직계존속이 있는 경우 그들과 공동상속인이 되며, 직계비속과 직계존속이 모두 없는 경우에는 단독상속인이 됩니다. 상속분을 계산할 때는 공동상속인들의 상속분의 50%만큼 더 많은 지분을 인정받습니다.

한편, 피상속인이 유언을 통해 특정인에게 모든 재산을 물려주더라도, 법정상속인들은 최소한의 상속분을 보장받을 수 있는데, 이를 '유류분(遺留分)' 제도라고 합니다. '민법' 제1112조(유류분의 권리자와 유류분)는 피상속인의 직계비속과 배우자는 그 법정상속분의 2분의 1을, 직계존속은 그 3분의 1을 유류분으로 보장합니다. 이는 상속재산 처분에 대한 피상속인의 자유를 일부 제한해 남은 가족들의 생존권을 보호하기 위한 최소한의 법적 장치입니다.

(2) 상속재산의 분할 : 협의분할과 법정분할의 이해

공동상속인들은 피상속인이 남긴 재산을 어떻게 나눌지 결정해야 합니다. 가장 원칙적인 방법은 '민법' 제1013조(협의에 의한 분할)에 따라 상속인 전원의 합의로 재산을 나누는 '협의분할'입니다. 상속인들은 법정상속분과 다르게 지분을 정하거나 특정 재산을 특정인이 단독으로 소유하는 등 자유롭게 분할 방식을 정할 수 있습니다.

그러나 상속인 간에 합의가 이루어지지 않는 경우, 가정법원에 상속재산분할 심판을 청구해 법원의 결정에 따라 재산을 나누게 되는데, 이를 '법정분할'이라 합니다. 법정분할은 특별한 사정이 없는 한 민법상 규정된 법정상속분을 기준으로 이루어집니다. 이때 피상속인을 특별히 부양했거나 재산 유지 및 증가에 기여한 상속인이 있다면 '기여분'을 주장해 더 많은 상속분을 인정받을 수 있으며, 특정 상속인이 피상속인으로부터 생전에 증여받은 재산이 있다면 이는 '특별수익'으로 간주되어 상속분에서 공제될 수 있습니다.

(3) 상속의 승인과 포기, 그리고 한정승인 : '빚의 대물림'을 막는 법적 방패

상속은 재산뿐만 아니라 채무, 즉 '빚'까지 포괄적으로 승계하는 것입니다. 따라서 상속인은 물려받을 재산과 빚의 규모를 신중히 검토한 후 상속을 받을지 여부를 결정해야 합니다. '민법' 제1019조(승인, 포기의 기간)는 상속인에게 상속개시 있음을 안 날로부터 3개월 이내에 다음 세 가지 중 하나를 선택하도록 규정합니다.

- 단순승인 : 재산과 채무를 모두 무제한으로 승계하는 것입니다. 별도의 의사 표시가 없으면 3개월 후 자동으로 단순승인한 것으로 간주됩니다.

- 상속포기 : 재산과 채무에 대한 권리와 의무를 모두 포기하는 것입니다. 상속을 포기하면 그 상속인은 처음부터 상속인이 아니었던 것으로 되며, 상속분은 다음 순위의 상속인에게 넘어갑니다.

- 한정승인 : 상속받은 재산의 한도 내에서만 피상속인의 채무를 변제할 것을 조건으로 상속을 승인하는 제도입니다. '민법' 제1028조(한정승인의 효과)에 따라, 상속채무가 상속재산을 초과하더라도 상속인은 물려받은 재산만큼만 빚을 갚을 책임이 있습니다. 이는 예상치 못한 채무로 인해 상속인의 고유 재산까지 위협받는 것을 막아주는 매우 중요한 법적 안전장치입니다.

마무리 요약 : 법률적 이해와 세무적 설계의 결합

상속세는 더 이상 '부자 세금'이 아닙니다. 이제는 일정 수준 이상의 자산을 보유한 모든 세대가 자신의 자산을 다음 세대로 온전히 이전하기 위해 반드시 넘어야 할 '생존 과제'가 되었습니다.

국세청 통계에 따르면, 상속세 신고 인원과 결정세액은 매년 꾸준히 증가하고 있으며, 이는 단순히 자산 가격 상승 때문만이 아니라 과세 행정도 과거보다 훨씬 더 정교하고 체계화되었다는 것을 방증합니다. 이제 어설픈 지식으로 세금을 회피할 수 있는 시대는 끝났습니다.

성공적인 상속 설계는 단순히 세금을 줄이는 편법적 기술이 아닌, 민법적 기초 위에 세법적 전략을 쌓아 올리는 체계적인 과정에서 비롯됩니다. 상속의 순위와 재산 분할이라는 법률관계를 명확히 하고, 이를 바탕으로 사전 증여, 공제 제도 활용, 종신보험 가입 등 합법적이고 전략적인 계획을 수립해야 할 것입니다.

- 사전 증여의 시기와 규모를 조절해 상속재산 총액을 관리하는 전략
- 배우자와 자녀 간의 상속 지분을 최적화해 각종 공제 혜택을 극대화하는 설계
- 가업상속공제나 금융재산공제 등 세법상 주어진 제도를 전략적으로 활용하는 지혜
- 자녀 명의로 사후 보장효과가 높은 종신보험에 가입해 상속세 납부를 위한 현금 유동성 확보

상속, 그리고 상속세는 단순히 재산을 이전할 때 발생하는 비용의 문제가 아닙니다. 한 세대가 평생을 바쳐 이룬 소중한 유산을 지켜내기 위한 '시간과 설계의 싸움'이며, 그 싸움의 성패는 얼마나 미리, 그리고 얼마나 정확하게 법률과 세법을 이해하고 준비하느냐에 달려 있습니다.

고령 창업자,
승계를 미룰 수 없는 이유

에피소드 : '○○식품' 박 회장의 뒤늦은 후회

40년간 쉼 없이 달려 연 매출 5,000억 원의 중견기업을 일군 '○○식품'의 창업주 박태수 회장(75세). 그에게 회사는 평생의 자부심이자 삶 그 자체였습니다. 매일 새벽 공장의 불을 가장 먼저 켰고, 모든 중요 결재 서류에는 직접 법인 인감 날인을 했습니다. 강력한 오너십은 신속한 의사결정의 동력이었습니다.

한편, 두 아들은 서로 다른 길을 걸어왔습니다. 장남 진우(48세)는 20년간 생산 현장을 지킨 안정 지향적 '운영 전문가'였고, 차남 서준(42세)은 해외 MBA 출신으로 신사업과 재무를 주도하는 성장 지향적 '기획 전략가'였습니다. 박 회장은 "아직은 내가 건강하다. 때가 되면 다 정리해주겠다"라며 후계 구도에 대한 명확한 결정을 차일피일 미뤘습니다. 그의 침묵은 두 아들뿐만 아니라 조직 전체를 보이지 않는 불확실성 속으로 밀어 넣고 있었습니다.

위기는 한순간에 찾아왔습니다. 어느 날 저녁, 박 회장이 갑작스러운 뇌경색으로 쓰러졌고, 이내 세상을 등진 것입니다. 다음 날, ○○식품의 모든 의사결정은 사실상 멈춰섰습니다. 당장 만기가 돌아오는 수십억 원의 어음 결제, 신규 설비 투자 계약 승인, 주거래 은행과의 대출 조건 변경 합의 등 필요한 모든 업무가 마비되었습니다. 조직은 그제야 깨달았습니다. ○○식품은 시스템이 아닌, 창업주 한 사람의 역량에 절대적으로 의존해온 '인치(人治) 경영'의 전형이었던 것입니다.

리더십의 공백은 즉시 내부 분열로 이어졌습니다. 장남 진우는 기존 임원들을 중심으로 '비상경영위원회'를 구성해 당장의 유동성 위기 관리에 착수했지만, 차남 서준은 '위기는 곧 기회'라며 위축된 투자 심리를 반전시킬 신사업 추진을 강행하려고 했습니다. 회의는 번번이 고성과 비난으로 파행으로 끝났고, 조직은 '생산부 대 기획부'라는 파벌 구도로 급속히 얼어붙었습니다.

불안한 소문은 금융권에 가장 먼저 퍼져나갔습니다. 은행은 대출 약정서에 명시된 '경영진의 중대한 변동' 조항을 근거로 경영 안정성이 확보될 때까지 신규 여신을 전면 중단했고, 기존 대출의 만기 연장마저 재검토에 들어갔습니다. 핵심 원재료를 공급하던 거래처는 리스크 분산을 이유로 공급량을 줄이기 시작했습니다. 수십 년간 쌓아 올린 신용이 단 몇 달 만에 뿌리부터 흔들렸습니다.

진정한 파고는 그다음이었습니다. '상속세 및 증여세법' 제67조에 규정된 상속세 신고·납부기한(상속개시일이 속하는 달의 말일부터 6개월 이내)이 다가오면서 비상장 주식 가치 평가가 이루어졌습니다. 세법 규정에 따라 ○○식품의 주식 가치를 평가한 결과, 박 회장의 지분(60%)에 대한 상속세만 수백억 원에 달했습니다. 대부분의 자산이 회사 주식에 묶여 있던 유족들에게는 감당할 수 없는 금액이었습니다.

차남 서준은 상속세 재원 마련을 위해 사모펀드(PEF)에 지분 일부 매각을 타진했고, 장남 진우는 "평생 일군 가업을 투기 자본에 넘길 수 없다"며 극렬히 반대했습니다. 결국 형제 간의 갈등은 경영권 분쟁 소송으로 비화되었고, 주주총회 위임장 대결과 거래처 이탈이라는 최악의 시나리오가 현실이 되었습니다. 박 회장의 피와 땀이 서린 가업은 '경영권 분쟁, 현금 유동성 위기, 상속세 압박'이라는 삼중고에 휘말려 좌초될 위기에 처했습니다.

승계를 미룰 때 맞닥뜨릴 수 있는 '세 가지' 위험

○○식품의 사례는 결코 특별한 이야기가 아닙니다. 준비되지 않은 승계는 예외 없이 세 가지 치명적인 위기를 연쇄적으로 불러일으키며, 이는 법률적·경제적·세무적 차원에서 동시다발적으로 발생합니다.

첫째, '경영권'이 법적·지배구조적 진공 상태에 빠집니다.

후계자 지명과 의결권 구조가 사전에 명확히 정리되지 않으면, 창업주의 유고와 동시에 잠재되어 있던 이해관계와 비전의 차이가 즉시 분쟁으로 폭발합니다. 주주총회와 이사회 장악을 위한 다툼, 법인 인감 및 계정 접근 권한 문제, 내부 결재 라인의 혼선 등 '의사결정 권한'의 공백은 기업의 신용도를 순식간에 추락시키는 가장 큰 원인입니다.

둘째, '기업가치'가 경제적으로 붕괴됩니다.

리더십의 공백은 곧 전략의 부재와 의사결정 지연을 의미합니다. 금융기관은 이를 경영 안정성의 심각한 악화로 판단하고 신규 대출 동결, 기존 대출금리 인상, 여신 한도 축소 등으로 대응합니다. 거래처는 공급망 리스크를 우려해 발주를 줄이거나 경쟁사로 거래선을 이전합니다. 또한, 조직의 비전이 불투명해지면 핵심 인재들부터 동요하며 이탈하기 시작합니다. '기업가치 하락 → 자금 조달 조건 악화 → 추가적인 가치 하락'이라는 악순환의 고리가 형성되는 것입니다.

셋째, '상속세'라는 거대한 해일이 덮칩니다.

상속세는 피할 수 없는 현실이며, 그중에서도 비상장 기업의 승계는 세 가지 거대한 장벽에 직면합니다.

① 평가의 벽(비상장 주식 가치 평가)

비상장 주식은 객관적인 시가가 없어 세법이 정한 보충적 평가 방법으로 가치를 산정하는 것이 원칙입니다. '상속세 및 증여세법 시행령' 제54조는 1주당 가치를 '(1주당 순손익가치 × 3 + 1주당 순자산가치 × 2) ÷ 5'(부동산 과다보유법인이 아닌 일반법인 기준)라는 복잡한 산식에 따라 평가하도록 규정합니다. 이는 최근 3년간의 순이익(수익력)과 기업의 순자산(자산가치)이 높을수록 주식 가치, 즉 상속재산 가액이 커지는 구조를 의미합니다. 즉, 알짜 기업일수록 세 부담이 기하급수적으로 늘어나는 현상이 발생합니다.

② 시간의 벽(6개월의 데드라인)

'상속세 및 증여세법' 제67조는 상속세를 사망일이 속한 달의 말일부터 6개월 이내에 신고하고 납부하도록 규정합니다. 이 짧은 기간 안에 복잡한 주식 가치 평가, 상속인 간 재산 분할 협의, 상속세 재원 마련, 필요시 연부연납 신청 및 담보 제공까지 모두 마쳐야 합니다. 준비가 없다면 절대적으로 부족한 시간입니다.

③ 현금의 벽(납부 재원 조달)

대부분의 창업주 자산은 현금이 아닌 주식이나 부동산에 묶여 있습니다. 당장 수십억, 수백억 원의 세금을 현금으로 납부하는 것은 거의 불가능에 가까울 수 있습니다. '상속세 및 증여세법' 제71조에 따른 연부연납 제도를 활용할 수 있지만, 이는 세액이 2,000만 원을 초과하고 납세 담보를 제공하는 등 법적 요건을 충족해 과세관청의 허가를 받아야만 가능하며, 분할 납부 기간에는 이자 성격의 연부연납 가산금도 추가로 부담해야 합니다.

체계적인 승계 설계를 위한 3대 핵심 전략

위기를 기회로 바꾸기 위해서는 건강하고 판단력이 명확할 때, 다음의 세 가지 축을 중심으로 입체적인 설계를 시작해야 합니다.

(1) 세무·재무적 청사진

단순히 세금을 줄이는 것을 넘어, 안정적인 현금흐름을 확보하고 제도의 혜택을 극대화하는 것이 핵심입니다.

① 가업상속공제

'상속세 및 증여세법' 제18조의2에 규정된 제도로, 피상속인이 10년 이상 계속 경영한 중소·중견기업을 상속인이 물려받을 때, 최대 600억 원까지 과세가액에서 공제해주는 강력한 절세 제도입니다. 다만, 상속인이 상속개시일 전 2년 이상 가업에 종사해야 하는 등 까다로운 사전 요건과, 상속 후 5년간 업종·지분·고용 등을 유지해야 하는 엄격한 사후관리 의무가 따릅니다.

② 가업승계 증여세 과세특례

'조세특례제한법' 제30조의6에 근거해 생전에 미리 후계자에게 주식을 증여할 때, 최대 600억 원 한도 내에서 10~20%의 낮은 세율을 적용받는 제도입니다. 일반 증여(10~50%)에 비해 세 부담이 현저히 낮아 사전 승계의 핵심 도구로 활용되지만, 이 역시 증여자의 연령 요건, 수증자의 가업 종사 요건 및 엄격한 사후관리 의무가 수반됩니다.

③ 상속세 납부유예

2023년부터 도입된 제도로('상속세 및 증여세법' 제72조의2), 가업상속공제 대신 선택할 수 있습니다. 가업상속재산에 대한 상속세 납부를 유예받되, 향후 해당 주식을 양도·증여하는 시점에 유예된 세액을 납부하는 방식입니다. 당장의 현금 부담을 이연시키는 효과가 있지만, 사후관리 의무 위반 시 유예세액과 이자 상당액이 즉시 추징되므로 공제 제도와의 유불리를 정밀하게 비교해야 합니다.

④ 연부연납 계획

상속세 납부가 원칙적으로 현금 일시납임을 고려할 때, 연부연납은 필수적으로 검토해야 할 자금 조달 계획입니다. 가업상속재산은 최대 20년, 일반재산은 최대 10년까지 분할 납부가 가능하므로, 사전에 담보로 제공할 자산을 확정하고 연부연납 가산금까지 고려한 자금 운용 계획을 수립해야 합니다.

⑤ 종신보험 활용

상속재산의 대부분이 비상장 주식이나 부동산 위주의 자산일 경우, 재산을 처분해 납세재원을 마련한다면, 시가 평가로 인해 상속세가 오히려 늘어나거나 급매 처분으로 인한 손실을 부담해야 합니다. 납세재원을 사전에 파악해 동원 가능한 현금 유동성이 걱정된다면 장기플랜을 가지고 상속인이 계약자 및 수익자, 피상속인이 피보험자인 보험 가입을 고려해야 합니다.

(2) 지배구조 및 의사결정권의 설계

분쟁의 소지를 법과 제도로 차단하는 것이 목표입니다.

① 지분 및 의결권 구조화

후계자에게 의결권을 집중시킬 수 있는 종류 주식 발행(벤처기업법에 의거, 창업주의 경영권을 보호하기 위한 복수의결권 중, 상법 제344조의3 후계자 외 가족 상속용으로의 결정 배제 주식 등 발행), 가족 및 핵심 주주 간 분쟁을 막기 위한 주주 간 계약서 체결(우선매수권, 경쟁금지 조항 등 명시) 등을 통해 안정적인 지배구조를 구축합니다.

② 비상 의사결정 체계 마련

대표이사 유고 시 즉시 발동되는 직무대행 규정, 법인 인감 및 자금 이체 권한에 대한 위임 절차, 이사회 내에 승계 및 보상 위원회를 설치해 권한 이양 범위를 명확히 문서화합니다.

③ 패밀리 거버넌스(Family Governance) 구축

가족 구성원 간의 약속인 '가족 헌장'을 제정해 기업 경영에 대한 철학, 분쟁 해결 절차, 배당 및 보수 원칙 등을 명문화함으로써 감정적 충돌을 제도적 절차로 전환하는 노력이 필요합니다.

(3) 핵심 인재 및 운영 리스크 관리

창업주 개인의 역량에 의존하던 구조에서 벗어나, 시스템이 작동하는 회사로 전환하는 과정입니다.

① 핵심 인재 유지 전략

승계 과정에서 동요할 수 있는 핵심 임직원들을 위해 스톡옵션, 성과연동 보상, 장기근속 인센티브 등 명확한 보상 체계를 설계해 조직의 안정을 꾀합니다.

② 재무 및 계약 리스크 점검

은행의 여신 약정서에 포함된 '경영진 변경' 관련 조항을 점검하고, 주요 거래처와의 계약서상 지배구조 변경 시 발생할 수 있는 리스크를 사전에 파악해 대응 방안을 마련합니다.

③ 상속세 재원 마련 계획

경영인 정기보험 등을 활용해 갑작스러운 유고 시 현금 유동성을 확보하고, 유동화가 용이한 비핵심자산을 목록화해 비상시를 대비한 재원 마련 계획을 세워야 합니다.

마무리 요약 : 건강할 때 시작하는 게 최고의 절세 전략

가업승계는 단순히 '세금을 줄이는 기술'이 아니라, 기업의 영속성을 확보하기 위한 '시간을 경영하는 설계'입니다. 특히 비상장 기업은 수익성과 자산가치가 높을수록 상속세 평가액이 커지는 구조이므로, 사업이 순항하고 있을 때가 오히려 가장 큰 세무적 리스크에 노출된 시점일 수 있습니다.

역설적으로 이는, 창업주가 건강하고 정상적인 경영 활동을 하고 있을 때 사전 증여, 가업상속공제 요건 충족, 지배구조 개편 등 다양한 전략적 선택지를 활용할 수 있다는 의미이기도 합니다. 상속개시 후 6개월이라는 절대적인 데드라인은 누구에게나 동일하게 주어지지만, 그 시간을 기회로 활용할 수 있는 '옵션'은 오직 미리 준비한 기업에게만 열립니다. 가장 확실한 절세는 바로 오늘, 건강할 때 시작하는 것입니다.

상속할까, 증여할까?
최적의 결정을 위한 전략

증여와 상속의 근본적 차이 : 과세 구조의 심층 이해

상속세와 증여세는 동일한 세율 구조를 갖습니다. 하지만 단순히 세율이 같다고 해서 두 세금을 동일선상에 놓고 비교하는 것은 치명적인 오류를 낳습니다. 과세의 기준점과 방식 자체가 다르기 때문입니다.

구분	증여세	상속세
과세 단위	재산을 받는 사람(수증자) 기준	재산을 남기는 사람(피상속인) 기준
과세 방식	유산취득세 방식 (개별 수증자의 취득분에 과세)	유산세 방식 (피상속인의 총유산에 과세)
납세 의무자	수증자(원칙)	상속인 (각자 상속받은 재산 한도 내 연대납세 의무)
합산 기간	동일인으로부터 10년 이내 증여받은 재산 누적 합산	상속개시일 전, • 10년 이내 상속인에게 증여한 재산 • 5년 이내 상속인 외의 자에게 증여한 재산 합산

구분	증여세	상속세
주요 공제	증여재산공제(수증자 기준 10년 누계) • 배우자 : 6억 원 • 직계비속 : 5,000만 원 　(미성년자 2,000만 원) • 기타친족 : 1,000만 원	상속공제 • 기초공제(2억 원)+기타인적공제 vs 일괄공제(5억 원) 중 큰 금액 • 배우자 상속공제 : 최소 5억 원 ~ 최대 30억 원 • 그 외 금융재산 상속공제, 동거주택 상속공제 등
시가 평가 기준일	평가기준일 전 6개월부터 평가기준일 이후 3개월까지	평가기준일 전후 6개월
신고기한	증여일이 속하는 달의 말일부터 3개월 이내	상속개시일이 속하는 달의 말일부터 6개월 이내(피상속인 또는 상속인 전원이 비거주자인 경우 9개월)

(1) 과세 단위의 차이가 만드는 함정 : 유산세의 무서움

가장 결정적인 차이는 과세 단위에 있습니다. 증여세는 여러 명에게 나누어줄수록 과세표준이 분산되어 낮은 세율이 적용되므로 세 부담이 줄어드는 효과가 있습니다. 반면 상속세는 피상속인의 총유산을 합산해 높은 누진세율을 먼저 적용해 총상속세액을 계산한 뒤, 이를 상속인들이 각자의 지분대로 나누어 부담하는 구조입니다. 이로 인해 상속인 개개인이 받는 재산은 적더라도 전체 유산 규모가 크면 상당한 세금을 납부해야 하는 상황이 발생합니다.

(2) 시간의 덫 : 10년 합산과세의 법적 근거

많은 이들이 사전 증여를 통해 상속재산을 줄이면 상속세가 절감될 것이라 생각하지만, 우리 세법은 이를 방지하기 위한 강력한 합산 규정을 두고 있습니다.

'상속세 및 증여세법' 제13조(상속세 과세가액)

① 상속세 과세가액은 상속재산의 가액에서 제14조에 따른 것을 뺀 후 다음 각 호의 재산가액을 더한 금액으로 한다.

  1. 상속개시일 전 10년 이내에 피상속인이 상속인에게 증여한 재산가액

  2. 상속개시일 전 5년 이내에 피상속인이 상속인이 아닌 자에게 증여한 재산가액

이 조항에 따라 상속개시일로부터 10년 이내에 상속인에게 미리 증여한 재산은 상속재산에 다시 합산해 상속세를 계산합니다. 이미 납부한 증여세는 공제해주지만, 합산으로 인해 과세표준이 커지면서 더 높은 세율 구간이 적용되어 총 세 부담이 늘어나는 경우가 많습니다.

자산 유형별 최적 전략 : 증여 vs. 상속

(1) '증여'가 유리한 자산 유형

① 가파른 가치 상승이 예상되는 자산

비상장 주식, 개발 예정 지역의 토지, 재건축·재개발 사업 초기 단계의 부동산 등입니다.

증여는 현재 시점을 기준으로 과세되므로, 미래의 가치 상승분에 대해서는 세금이 부과되지 않는 '세금 동결' 효과를 누릴 수 있습니다. 특히 비상장 주식은 기업의 미래 수익가치(최근 3년간 순손익)가 주식 평가액에 큰 영향을 미치므로, 기업이 성장할수록 평가액이 기하급수적으로 커지는 특성이 있습니다. 따라서 상속 시점까지 보유를 미루면 훨씬 무거운 세 부담에 직면할 가능성이 큽니다.

② 지속적인 현금흐름을 창출하는 자산

상가, 오피스텔 등 수익형 부동산입니다.

해당 자산을 자녀에게 미리 증여하면, 이후 발생하는 임대소득이 자녀에게 직접 귀속됩니다. 이는 부모 세대의 재산 증가를 억제해 미래의 상속세 부담을 줄이는 효과와 더불어, 자녀가 미래의 상속세를 납부할 재원을 자산 자체에서 마련할 수 있게 하는 선순환 구조를 만듭니다.

(2) '상속'이 유리한 자산 유형

① 가치 상승이 둔화되었거나 이미 고가에 도달한 부동산

증여에 비해 공제 총량(일괄공제 5억 원 + 배우자 상속공제 최대 30억 원 등)이 큰 상속 제도를 활용하는 것이 유리합니다. 이미 자산가치가 충분히 상승한 상태라면, 추가적인 가치 상승에 대한 기대보다는 안정적인 자산 이전을 목표로 상속공제를 최대한 활용하는 전략이 효과적입니다.

② 상속 직후 매각할 계획이 있는 부동산

양도소득세의 절감 효과 때문입니다. 상속받은 자산의 취득가액은 상속개시일 현재의 시가로 새롭게 결정됩니다(취득가액 상향 조정). 따라서 상속 직후 상속재산 평가액과 비슷한 금액으로 부동산을 매각하면 양도차익이 거의 발생하지 않아 양도소득세 부담을 최소화할 수 있습니다.

 **증여의 가장 큰 독소 조항, '이월과세'** 

반면, 증여받은 부동산을 10년 이내에 양도할 경우, 증여 당시의 평가액이 아닌 증여자의 최초 취득가액을 기준으로 양도차익을 계산하는 '이월과세' 규정이 적용됩니다.

> '소득세법' 제97조의2(양도소득의 필요경비 계산 특례)
> ① 거주자가 양도일부터 소급하여 10년 이내에 그 배우자 또는 직계존비속으로부터 증여받은 토지, 건물 등의 양도차익을 계산할 때 양도가액에서 공제할 필요경비는 제97조제1항에도 불구하고 그 배우자 또는 직계존비속의 취득 당시 필요경비로 한다.

이 조항은 증여를 통한 양도소득세 회피를 막기 위한 것으로, 납세자 입장에서는 상당한 양도소득세 부담으로 이어질 수 있는 결정적인 조항이므로 유의해야 합니다.

상속과 증여의 세 부담 사례 분석

자산가에게 재산의 이전은 단순한 부의 대물림을 넘어, 세금 부담을 최소화하고 자녀의 유동성을 확보하는 정교한 재무 설계의 영역입니다. 특히 부동산과 금융자산이 혼재된 경우, '사전 증여'와 '사후 상속'이라는 두 가지 선택지를 두고 어떤 전략이 더 유리한지 면밀히 분석해야 합니다.

이번에는 시가 20억 원의 상가와 8억 원의 금융자산을 보유한 자산가가 배우자 없이 성인 자녀 2명에게 재산을 이전하는 상황을 가정해, 각 시나리오별 총 세 부담을 비교해봅니다.

기본 상황 설정

- 총재산 : 28억 원(시가 20억 원 상가 + 금융자산 8억 원)
- 상가 취득가액(부친) : 5억 원
- 가족 관계 : 본인(68세), 배우자 없음, 성인 자녀 2명

선택 1 '일괄 상속' 전략 분석

모든 재산을 현재 시점에서 처분하지 않고, 미래에 상속으로 이전하는 방식입니다.

(1) 상속세 계산

상속개시 시점에 자녀들이 부담할 상속세는 다음과 같이 산정됩니다.

- 총상속재산가액 : 28억 원
- 상속공제 합계 : 6억 6,000만 원
  - 일괄공제 : 5억 원
  - 금융재산 상속공제 : 1억 6,000만 원(금융재산 8억 원 × 20%)
- 과세표준 : 21억 4,000만 원(28억 원 – 6억 6,000만 원)
- 산출세액 : 6억 9,600만 원((21억 4,000만 원 × 40%) – 1억 6,000만 원(누진공제))

(2) 상속 이후 상가 양도 시

상속의 가장 큰 장점은 '취득가액 상향 조정' 효과입니다. 상속 시점의 시가인 20억 원이 자녀들의 새로운 취득가액으로 인정되므로, 상속 이후 해당 상가를 20억 원에 매각하더라도 양도차익이 발생하지 않아

양도소득세는 0원입니다.

(3) 장단점 분석

먼저 장점은 세금 납부를 미래로 이연시키고, 상속 이후 양도소득세 부담을 원천적으로 제거하는 가장 확실한 방법이 됩니다.

단점으로는 상속개시 후 6개월 내에 6억 9,600만 원이라는 현금을 일시에 납부해야 하는 유동성 압박이 발생할 수 있습니다(물론, 이번 사례에서는 금융자산이 충분하므로 유동성 문제는 없을 것입니다).

선택 2 '사전 증여' 전략 분석

현재 시점에 모든 재산 28억 원을 자녀 2명에게 각 14억 원씩 증여하는 방식입니다. 이 전략의 유불리는 향후 상가 양도 시점에 따라 극명하게 갈립니다.

(1) 증여세 계산(공통)

우선, 현재 시점에 부담해야 할 증여세는 다음과 같습니다.

- 자녀 1인당 증여재산 : 14억 원

- 증여재산공제 : 5,000만 원

- 1인당 과세표준 : 13억 5,000만 원

- 1인당 산출세액 : 3억 8,000만 원(13억 5,000만 원 × 40% − 1억 6,000만 원)

- 총증여세 부담 : 7억 6,000만 원

(2) 증여 이후 상가 양도 시

① 10년 이내 양도(이월과세 적용)

자녀가 증여받은 상가를 10년 내에 양도할 경우, '소득세법'상 이월과세 규정이 적용되어 취득가액은 증여자인 부친의 최초 취득가액(5억 원)으로 계산됩니다.

- 양도소득세 : 약 2억 7,000만 원
- 총 세 부담 : 약 10억 3,000만 원(증여세 7억 6,000만 원 + 양도세 약 2억 7,000만 원)
  - 상세 계산 : 양도차익(9억 5,714만 원) = 양도가액(20억 원) − 취득가액(5억 원)
  - 필요경비(기납부 증여세 안분액 약 5억 4,286만 원).
  여기에 부친의 보유 기간을 승계한 장기보유특별공제를 적용해서 산출

② 10년 이후 양도(이월과세 미적용)

증여일로부터 10년이 지난 후에 양도하면 이월과세 규정을 피할 수 있으며, 취득가액은 증여 당시의 시가(20억 원)로 인정됩니다.

- 양도소득세 : 0원(양도가액 20억 원 − 취득가액 20억 원)
- 총 세 부담 : 7억 6,000만 원(증여세 7억 6,000만 원 + 양도세 0원)

선택 대안별 비교

각 전략의 최종 결과를 요약하면 다음과 같습니다.

구분	선택 1 (일괄 상속)	선택 2-가 (증여 후 10년 내 양도)	선택 2-나 (증여 후 10년 후 양도)
상속·증여세	6억 9,600만 원	7억 6,000만 원	7억 6,000만 원
양도소득세	0원	약 2억 7,000만 원	0원
총 세 부담	6억 9,600만 원	약 10억 3,000만 원	7억 6,000만 원
비고	최저 세 부담, 세금 이연	최고 세 부담, 즉시 납부	10년 보유 조건부

본 사례에서는 선택 1 : 모든 재산을 상속하는 것이 세 부담 면에서는 유리한 최적의 전략이라는 결론에 도달합니다.

자산 이전 최적 설계 : 세금 너머 '자녀의 경제적 자립'까지 고려한 제언

단순히 최종 세액 숫자만 비교하는 것을 넘어, 자산 이전의 질적 효과와 자녀 세대의 부의 형성까지 고려하면 다른 결론에 이를 수 있습니다. 성공적인 자산 이전 전략은 단순히 상속·증여세 총액을 비교하는 데 그치지 않습니다. 언제, 어떤 방식으로 자산을 이전하느냐에 따라 자녀 세대의 경제적 자립 시점과 부의 증식 속도가 달라지기 때문입니다. 특히 임대수익이 발생하는 상가와 같은 수익형 부동산은 이러한 장기적 관점의 분석이 더욱 중요합니다.

선택 1의 경우, 상속개시 전까지 상가에서 발생하는 모든 임대수익은 부모에게 귀속됩니다. 자녀들은 부를 형성할 수 있는 소중한 소득원과 시간을 활용하지 못하는 기회비용이 발생합니다.

반면, 선택 2의 경우, 증여가 완료되는 즉시, 자녀들은 20억 원 상가의 새로운 소유주로서 안정적인 임대소득을 확보하게 됩니다. 이 현금 흐름은 자녀들이 자신들의 신용으로 새로운 투자를 하거나 사업을 구상하는 등 독자적인 부의 파이프라인을 구축하는 종잣돈이 됩니다. 이는 돈으로 환산할 수 없는 가장 큰 전략적 이점입니다.

이에 더해, 만약 이 상가의 가치가 10년 후 30억 원으로 상승한다면, 그 상승분 10억 원은 온전히 자녀의 몫이 됩니다. 만약 상속을 선택했다면 이 10억 원에 대해서도 추가적인 상속세(최대 40~50%)가 과세되었을 것이나, 사전 증여를 통해 미래의 세 부담을 원천적으로 차단하는 효과를 얻습니다.

리스크 관리 : 10년 보유의 중요성

이 전략의 성공을 위한 핵심전제는 '10년 이상 보유' 입니다.

- 10년 이후 양도 시 : 이월과세가 적용되지 않아 취득가액은 증여 당시 시가인 20억 원으로 인정됩니다. 따라서 20억 원에 매각 시 양도소득세는 0원이며, 총 세 부담은 증여세 7억 6,000만 원으로 확정됩니다.
- 10년 이내 양도 시 : 이월과세 적용으로 총 세 부담이 약 10억 3,000만 원까지 급증하므로, 이는 반드시 피해야 할 시나리오입니다.

최종 결론 : 어떤 철학으로 자산을 이전할 것인가?

두 전략은 단순한 우열의 문제가 아니라, 자산 이전 철학의 차이로 귀결됩니다.

만약 부모 세대가 통제권을 유지하며 절대적인 절세 수치를 최우선으로 고려한다면 '일괄 상속'이 합리적입니다.

그러나 당장 6,400만 원의 세금을 더 부담하더라도, 그 비용을 자녀의 경제적 자립과 미래의 부의 증식을 위한 '기회 투자'로 간주한다면 '사전 증여'가 월등히 우월한 장기적 전략입니다. 자녀에게 단순히 자산을 물려주는 것을 넘어, 그들이 스스로 부를 일궈나갈 '시간'과 '소득원'을 함께 증여하는 것과 같기 때문입니다.

마무리 요약 : 자산 특성, 시간 변수 등을 결합한 '혼합 설계' 고려

상속과 증여를 둘러싼 절세 전략은 어느 한 가지 방식이 절대적으로 우월한 제로섬 게임이 아닙니다. 성공적인 자산 이전의 핵심은 자산의 종류(성장성, 현금흐름 창출 능력), 가족 구성원의 현황, 그리고 세법상의 결정적 시간 변수(10년 합산 과세, 10년 이월과세 등)를 종합적으로 고려한 '포트폴리오 설계'에 있습니다.

상속세와 증여세는 10~50%의 동일한 초과누진세율 구조를 따르지만, 과세 단위, 공제 제도의 규모, 합산 규정 등 근본적인 설계 방식의 차이로 인해 최종적인 세 부담은 크게 달라질 수 있기 때문입니다.

언제부터 준비할 것인가 :
생애주기별 상속 · 증여 전략

경기도 반월공단에서 35년간 초정밀 부품 사업을 일궈온 '○○정밀'의 최강혁 회장(64세). 기술력 하나로 시작해 연 매출 1,000억 원의 강소기업으로 키워낸 그의 경영 인생은 한 편의 성공 신화였습니다. 그러나 최근 몇 년 사이, 그의 마음을 무겁게 짓누르는 고민이 있었습니다. 바로, '시간'이었습니다.

외아들 민준(38세)은 10년 전 회사에 입사해 현재 기획조정실장으로 근무하며 착실하게 경영 수업을 받고 있었습니다. 하지만 최 회장의 눈에는 아직 부족한 점이 많아 보였습니다. 무엇보다 아들은 아직 회사의 '주인'이 아니었습니다. 지분 구조상 ○○정밀의 주식 70%는 최 회장

본인이, 나머지 30%는 창업 초기부터 함께한 임원들이 보유하고 있어 아들의 지분은 전무했습니다.

'아직은 내가 정정한데, 굳이 서두를 필요가 있나? 아들이 조금 더 경험을 쌓고, 회사 가치가 더 오르면 그때 넘겨줘도 늦지 않겠지.'

이런 생각으로 승계를 미뤄오던 최 회장에게 결정적인 계기가 찾아왔습니다. 오랜 경쟁사였던 '××테크'가 창업주의 갑작스러운 별세 이후, 준비되지 않은 상속 과정에서 형제 간 경영권 분쟁에 휘말려 회사가 공중분해될 위기에 처했다는 소식이 들려온 것입니다. 남의 일 같지 않았습니다.

최 회장은 그날 밤, 재무 담당 임원과 공인회계사를 긴급히 불렀습니다. 회사의 최근 3년간 재무제표를 기반으로 상속세 시뮬레이션을 진행한 결과는 충격적이었습니다. ○○정밀의 비상장 주식 가치는 약 500억 원으로 평가되었고, 최 회장의 지분(70%)에 대한 예상 상속세액은 각종 공제를 적용하더라도 100억 원을 훌쩍 넘었습니다. 만약 지금 당장 최 회장에게 유고가 생긴다면, 아들 민준은 엄청난 상속세를 감당하지 못해 평생 일군 회사의 지분을 외부에 매각해야 할지도 모르는 상황이었습니다.

더 큰 문제는 '시간'이었습니다. 공인회계사는 경고했습니다.

"회장님, 만약 10년 뒤에 회사가 지금보다 2배 성장한다면, 주식 가치와 상속세액은 단순히 2배가 아니라 그 이상으로 불어날 수 있습니다. 또한 '상속세 및 증여세법'에 따라, 상속개시일 전 10년 이내에 증여한 재산은 모두 상속재산에 합산됩니다. 즉, 회장님께서 75세에 증여를 결심하신다면, 85세까지 건강하게 경영을 유지하셔야만 그 증여가 온전한 절세 효과를 발휘할 수 있다는 의미입니다. 지금, 60대 중반이 바로 그 '10년의 시간'을 벌 수 있는 마지막 골든타임입니다."

최 회장은 그날 밤 잠을 이루지 못했습니다. 승계는 단순히 부를 물려주는 행위가 아니라, 수많은 임직원의 생계가 달린 회사의 영속성을 담보하는 무거운 책임의 이전임을 깨달았습니다. 다음 날 아침, 최 회장은 아들 민준과 마주 앉았습니다.

"민준아, 이제부터 이 회사의 진짜 주인이 될 준비를 시작해야겠다. 힘들고 긴 과정이 되겠지만, 더 이상 미룰 수 없다."

최 회장의 결단은 '○○정밀'의 새로운 10년을 여는 신호탄이었습니다. 그것은 세금을 피하기 위한 기술이 아니라, 회사의 미래를 위한 가장 책임감 있는 경영 행위였습니다.

해설 : 최적의 타이밍, 60대 증여가 유리한 이유

최강혁 회장의 사례는 모든 창업자와 자산가가 직면하는 시간의 딜레마를 명확하게 보여줍니다. 상속·증여 설계에서 '언제' 시작하느냐는 '무엇을, 어떻게' 이전하느냐의 문제보다 훨씬 더 근본적이고 결정적인 영향을 미칩니다. 특히 60대는 생애주기상 자산이 정점에 이르고, 건강과 판단력이 명확하며, 세법상 가장 중요한 변수인 '10년'이라는 시간을 전략적으로 활용할 수 있는 마지막 기회의 시기가 될 수 있습니다.

(1) '10년 합산과세' 규정의 전략적 회피 가능성 증대

앞서 언급했듯, 우리 세법은 조세 회피를 방지하기 위해 상속개시일 전 일정 기간 내에 이루어진 증여를 상속재산에 합산해서 과세하는 강력한 규정을 두고 있습니다.

이 규정의 핵심은 '10년의 벽'입니다. 만약 65세에 자녀에게 재산을 증여하고, 75세 생일이 지난 후에 상속이 개시된다면, 10년 전에 증여한 재산은 상속재산에 합산되지 않아 온전한 분리과세 효과를 누릴 수 있습니다. 이는 상속재산 총액을 근본적으로 줄여 낮은 상속세율 구간을 적용받게 하는 가장 확실한 방법입니다. 반면 70대 중반 이후에 증여를 시작하면, 10년의 기간을 채우지 못하고 상속이 개시될 확률이 높아져 사전 증여의 절세 효과가 반감되거나 무력화될 위험이 커집니다. 따라서 60대는 이 '10년 카운트다운'을 가장 먼저 시작할 수 있는 전략적 출발점입니다.

(2) 미래가치 상승분에 대한 세 부담 원천 차단

증여세는 '증여일 현재'의 시가를 기준으로 과세됩니다. 이는 자산의 미래가치가 아닌 현재가치에 세금을 부과함으로써, 향후 발생할 모든 가치 상승분에 대한 미래의 세금 부담을 원천적으로 차단하는 '세금 동결' 효과를 가집니다.

특히 ○○정밀과 같이 성장 잠재력이 큰 비상장 기업의 주식, 개발 호재가 있는 부동산, 유망한 스타트업 지분 등은 시간이 지날수록 그 가치가 기하급수적으로 증가할 가능성이 높습니다. 예를 들어, 60대에 10억 원으로 평가받던 주식을 증여하면 10억 원에 대한 증여세만 납부하면 됩니다. 그러나 이를 상속 시점까지 보유해 20년 후 100억 원의 가치가 되었다면, 상속세는 100억 원을 기준으로 계산됩니다. 60대에 내린 '증여'라는 의사결정 하나가 미래의 수십억 원 세금을 절약하는 나비효과를 불러오는 것입니다. 따라서 자산의 성장성이 높을수록 하루라도 빨리 증여를 실행하는 것이 절대적으로 유리합니다.

(3) 후계자의 연착륙과 경영 능력 검증 시간 확보

성공적인 승계는 단순히 지분을 이전하는 세무적 행위로 완성되지 않습니다. 후계자가 실질적인 경영권을 행사하고, 조직 구성원과 외부 이해관계자들로부터 리더십을 인정받는 경영적 과정이 반드시 수반되어야 합니다. 60대에 증여를 시작한다는 것은 후계자에게 최소 10년 이상의 '경영자 훈련 기간'을 공식적으로 부여하는 것을 의미합니다.

후계자는 자신의 이름으로 된 주식을 보유함으로써 진정한 주인의식을 갖고 경영에 임하게 됩니다. 이 기간 동안 창업주는 후계자의 의사결정 과정을 지켜보며 조언하고, 후계자는 실제 주주총회와 이사회를 운영하며 경영 능력을 검증받습니다. 이처럼 점진적이고 계획적인 권한 이양 과정은 창업주의 갑작스러운 유고 시 발생할 수 있는 경영 공백과 리더십 혼란을 최소화하고, 후계자가 안정적으로 경영권을 장악할 수 있는 가장 확실한 연착륙 경로를 제공합니다.

(4) 창업주 본인의 안정적인 은퇴 계획 수립

많은 창업주들이 승계를 미루는 이유 중 하나는 '경영 일선에서 물러난 이후의 삶'에 대한 막연한 불안감 때문입니다. 60대에 승계 절차를 시작하는 것은 창업주 스스로 자신의 은퇴 계획을 체계적으로 수립하고 실행할 시간을 버는 것이기도 합니다.

점진적인 지분 증여와 권한 이양을 통해 경영 부담을 줄여나가면서, 본인의 노후 생활에 필요한 현금흐름을 어떻게 확보할지(예 : 배당 정책, 퇴직금 설계, 개인 보유 부동산 자산 관리 등) 구체적인 재무 계획을 세울 수 있습니다. 이는 경영권을 내려놓은 이후에도 경제적 안정과 품위를 유지하며 존경받는 창업주로 남을 수 있는 기반이 됩니다. 승계를 '빼앗기는 것'이 아니라 '아름답게 마무리하는 과정'으로 인식의 전환을 이루기 위해서라도, 60대의 계획적인 준비는 필수적입니다.

마무리 요약 : 60대는 최적의 골든타임

결론적으로, 상속·증여 설계에서 시간은 돈 그 이상의 가치를 지닙니다. 세법이 부여한 '10년'이라는 시간 변수를 지배하고, 자산의 미래가치를 선점하며, 후계자와 본인 모두의 미래를 안정적으로 설계할 수 있는 최적의 시기는 바로 60대입니다. 이 골든타임을 놓치는 것은 미래에 더 비싼 비용으로 시간을 사야 함을 의미하며, 때로는 돈으로도 살 수 없는 기회를 영원히 잃어버리는 결과를 초래할 수 있습니다.

상속세·증여세의 기본과 실전 이해

상속세 · 증여세의 기본 구조 이해

 상속세와 증여세는 재산의 '무상 이전'이라는 동일한 과세 원인을 기반으로 하지만, 그 세금을 계산하고 납부하는 방식에는 결정적인 차이가 존재합니다. 과세가 이루어지는 단위, 적용되는 공제 항목의 규모, 그리고 신고·납부 절차의 상이함은 최종적인 세 부담에 큰 영향을 미칩니다. 이 장에서는 두 세금의 구조적 차이를 법적 근거와 함께 심층적으로 분석하고, 복잡한 세액 계산 과정을 한눈에 파악할 수 있는 계산 흐름도를 제시해 이후 장에서 다룰 구체적인 절세 전략의 기초를 견고히 다지고자 합니다.

상속세 및 증여세 계산 흐름도 : 한눈에 보는 계산 절차

상속세와 증여세는 다음 5단계의 과정을 거쳐 최종 납부세액이 결정됩니다. 각 단계에서 무엇이 더해지고 빠지는지를 이해하는 것이 세금 계산의 핵심입니다.

[상속세 계산 흐름도]

총상속재산가액	=	본래의 상속재산 + 간주상속재산
상속세 과세가액	=	총상속재산가액 − (비과세 재산 + 공익 목적 출연재산) − (공과금 + 장례비 + 채무) + 사전 증여재산
상속세 과세표준	=	상속세 과세가액 − 상속공제(기초공제, 배우자공제 등) − 감정평가수수료
산출세액	=	과세표준 × 세율(10 ~ 50%)
자진납부세액	=	산출세액 + 세대생략 할증과세액 − 세액공제

계산 흐름별 상세 해설

(1) 1단계 : 총상속재산가액의 산정

상속세 계산의 출발점은 피상속인이 남긴 모든 재산을 합산하는 것입니다. 여기에는 예금, 부동산, 주식 등 명확한 형태의 재산뿐만 아니라, 법률상 상속재산으로 간주되는 항목까지 포함됩니다.

- 본래의 상속재산 : 피상속인 소유의 모든 재산
- 간주상속재산 : '상증세법' 제8조에 따라, 피상속인의 사망으로 인해 지급받

는 생명보험금, 신탁재산, 퇴직금 등은 상속재산으로 간주되어 합산됩니다.

(2) 2단계 : 상속세 과세가액의 확정

총상속재산가액에서 법률이 정한 비과세 항목과 채무 등을 차감하고, 상속개시일 전 일정 기간 내에 증여한 재산을 다시 더해 실제 과세의 대상이 되는 금액을 확정합니다.

이는 증여가 상속세 회피 수단으로 악용되는 것을 막기 위한 핵심 규정입니다.

① 차감 항목

- 비과세 및 과세가액 불산입 재산 : 국가유공자에게 증여되는 재산, 공익법인에 출연한 재산 등은 과세가액에서 제외됩니다('상증세법' 제12조, 제16조).
- 공과금, 장례비, 채무 : 피상속인이 부담해야 할 세금, 장례에 직접 소요된 비용(최대 1,500만 원 한도), 그리고 피상속인의 채무는 상속재산에서 공제됩니다(동법 제14조).

② 가산 항목(사전증여재산)

- 상속개시일 전 10년 이내에 피상속인이 상속인에게 증여한 재산가액
- 상속개시일 전 5년 이내에 피상속인이 상속인이 아닌 자에게 증여한 재산가액

(3) 3단계 : 과세표준의 계산

과세가액에서 각종 상속공제를 차감해, 직접적으로 세율이 적용되는 최종 금액인 과세표준을 계산합니다. 상속공제는 세 부담을 줄이는 중요한 요소입니다(상세 내용은 58페이지의 '공제 체계'에서 설명).

(4) 4단계 : 산출세액의 도출

계산된 과세표준에 10~50%의 5단계 초과누진세율을 적용해 기본적인 세액을 산출합니다.

(5) 5단계 : 자진납부세액의 결정

산출세액에서 각종 세액공제(외국납부세액공제 등)를 차감하고, 할증과세액(세대생략 등)을 더해 최종적으로 납부할 세액을 확정합니다. 특히 기한 내 신고 시 적용되는 신고세액공제(산출세액의 3%)는 반드시 챙겨야 할 중요한 혜택입니다.

과세 방식 : 유산세와 유산취득세적 접근의 차이

두 세금의 가장 근본적인 차이는 '과세 단위를 누구로 보느냐'에서 출발합니다.

- 상속세(유산세 방식) : 재산을 남기고 떠나는 피상속인의 총유산을 하나의 과세 단위로 봅니다. 이는 피상속인이 남긴 부(富)의 사회적 재분배라는 성격

이 강하기 때문입니다.

- 증여세(수증자별 과세) : 재산을 받는 사람(수증자)을 기준으로 개별 과세합니다.
이는 상속세와 달리 유산취득세적 성격을 띠는 것으로, 여러 명에게 재산을
분산 증여하면 낮은 세율 구간이 적용되어 세 부담이 줄어드는 효과를 기대
할 수 있습니다.

공제 체계 : 상속의 '포괄적 공제' vs. 증여의 '인별 공제'

(1) 상속공제(주요 항목)

상속세는 피상속인의 사망에 따른 유족의 생활 보장과 기초 재산 보
전이라는 사회정책적 목적을 달성하기 위해 증여보다 훨씬 크고 다양
한 공제 제도를 두고 있습니다.

① 기초공제 및 일괄공제

모든 상속에 기본적으로 기초공제 2억 원과 그 밖의 인적공제를 합
한 금액, 또는 일괄공제 5억 원 중 큰 금액을 선택해 적용받을 수 있습
니다('상증세법' 제18조, 제20조).

② 배우자 상속공제

배우자의 상속재산 형성에 대한 기여를 인정하고, 남은 배우자의 생
활 안정을 보장하기 위한 가장 중요한 공제 항목입니다. 최소 5억 원에
서 최대 30억 원까지 공제가 가능하며, 공제액은 '배우자가 실제 상속받

은 금액'과 '법정상속분 한도' 중 적은 금액으로 결정됩니다(동법 제19조).

③ 금융재산 상속공제

순금융재산 가액에 따라 최대 2억 원 한도 내에서 공제됩니다(동법 제22조).

④ 동거주택 상속공제

피상속인과 10년 이상 계속 동거한 무주택 직계비속이 주택을 상속받는 경우, 주택가액의 100%를 6억 원 한도 내에서 공제받을 수 있습니다(동법 제23조의2).

⑤ 이외에도 가업상속공제, 영농상속공제, 재해손실공제, 감정평가수수료공제 등의 혜택이 있습니다.

(2) 증여재산공제(수증자 기준, 10년 누계)

증여세 공제는 수증자를 기준으로 10년 단위로 누적해서 적용되며, 그 규모가 상속공제에 비해 작습니다.

> '상속세 및 증여세법' 제53조(증여재산공제)
> ⋯ (중략) ⋯ 1. 배우자 : 6억 원 / 2. 직계존속 : 5,000만 원(미성년자 2,000만 원) / 3. 직계비속 : 5,000만 원 / 4. 기타 친족 : 1,000만 원

한편, 혼인·출산 증여재산공제(2024. 1. 1. 신설)가 있어, 혼인일 전후 각 2년 또는 출생일부터 2년 이내에 직계존속으로부터 증여받는 경우,

기본공제와 별도로 1억 원을 추가 공제받을 수 있습니다(동법 제53조의 2).

재산 평가 원칙 : 시가 우선 원칙

상속 및 증여재산의 가액은 평가기준일 현재의 시가로 평가하는 것이 대원칙입니다('상증세법' 제60조). 시가 산정이 어려운 경우에만 예외적으로 법령이 정한 보충적 평가 방법을 사용합니다.

> '상속세 및 증여세법' 제60조(평가의 원칙 등)
> ① 이 법에 따라 상속세나 증여세가 부과되는 재산의 가액은 상속개시일 또는 증여일(이하 '평가기준일'이라 한다) 현재의 시가(時價)에 따른다.

여기서 시가란 앞서 언급했듯이 불특정 다수인 사이에 자유롭게 거래가 이루어지는 경우에 통상적으로 성립된다고 인정되는 가액을 말하며, 구체적으로는 해당 재산의 매매사실이 있는 경우 그 거래가액, 2개 이상의 감정기관이 평가한 감정가액의 평균액, 또는 유사한 자산의 매매사례가액 등이 인정됩니다. 이러한 시가를 산정하기 어려운 경우에 한해 예외적으로 세법에서 정한 보충적 평가 방법(예 : 비상장 주식의 순손익가치와 순자산가치 가중평균)을 사용합니다(동법 제61조~제65조).

신고기한

(1) 신고기한

- 상속세 : 상속개시일이 속하는 달의 말일부터 6개월 이내(피상속인 또는 상속인 중 1명이라도 비거주자인 경우 9개월)(동법 제67조, 상속세 기본총칙 67-0…1))
- 증여세 : 증여일이 속하는 달의 말일부터 3개월 이내(동법 제68조)

(2) 신고세액 공제

- 법정신고기한 내에 상속세를 신고하면 산출세액의 3%를 공제받을 수 있습니다(동법 제69조). 기한 후 신고하거나 무신고 시에는 이 혜택을 받을 수 없으며, 오히려 가산세가 부과됩니다.

납부 방식 : 유동성 확보를 위한 제도

거액의 세금을 현금으로 일시에 납부하기 어려운 납세자를 위해 다음과 같은 편의 제도가 마련되어 있습니다.

(1) 분납

납부할 세액이 1,000만 원을 초과하는 경우, 납부기한 경과 후 2개월 이내에 세금을 나누어 낼 수 있습니다(동법 제70조).

(2) 연부연납

납부할 세액이 2,000만 원을 초과하고, 납세 담보를 제공하는 등의 요건을 충족하면 관할 세무서장의 허가를 받아 최장 10년(가업상속재산은 20년)에 걸쳐 분할 납부할 수 있습니다(동법 제71조).

(3) 물납(상속세에 한함)

납부할 세액이 2,000만 원을 초과하고, 상속재산 중 부동산과 유가증권의 가액이 2분의 1을 초과하며 상속세 납부세액이 금융재산 가액을 초과하는 등 '상속세 및 증여세법' 제73조에서 규정한 요건을 모두 충족하는 경우, 예외적으로 상속받은 부동산이나 유가증권으로 세금을 납부할 수 있습니다. 그러나 요건이 엄격해 실무상 활용이 제한적입니다.

합산과세 및 세대생략 할증 : 세금을 가중시키는 변수

(1) 사전증여재산 합산

상속세 계산 시, 상속개시일 전 10년 이내에 상속인에게 증여한 재산과 5년 이내에 상속인이 아닌 자에게 증여한 재산은 상속재산에 합산해 세액을 정산합니다(동법 제13조). 이는 장기적인 계획 없는 증여가 절세에 도움이 되지 않을 수 있음을 의미합니다.

(2) 세대생략 할증과세

조부모가 자녀를 건너뛰고 손자녀에게 재산을 상속하거나 증여하는 경우, 산출된 세액에 30%를 가산해서 과세합니다(수증자가 미성년자이고 증여재산가액이 20억 원을 초과하는 경우 40% 할증)(동법 제27조, 제57조).

시뮬레이션 : 같은 12억 원, 구조에 따라 달라지는 세금

총재산 12억 원에 상속인은 배우자와 성인 자녀 1명이고, 사전증여는 없는 상황입니다(단순화 가정).

(1) A안(전액 상속)

- 과세가액 : 12억 원
- 상속공제 : 10억 원(일괄공제 5억 원 + 배우자 최소 공제 5억 원)
- 과세표준 : 12억 원 − 10억 원 = 2억 원
- 산출세액 : (2억 원 × 20%) − 1,000만 원 = 3,000만 원

(2) B안(사전 증여 활용)

만약 생전에 자녀에게 10년에 걸쳐 5,000만 원을 미리 증여했다면, 증여재산공제 5,000만 원 범위 내이므로 납부할 증여세는 0원입니다. 이 증여가 상속개시일로부터 10년 이전에 이루어졌다면, 해당 5,000만 원은 상속재산에 합산되지 않습니다. 이 경우, 상속재산은 11억 5,000만 원으로 줄어듭니다.

- 과세가액 : 11억 5,000만 원

- 상속공제 : 10억 원

- 과세표준 : 1억 5,000만 원

- 산출세액 : (1억 5,000만 원 × 20%) − 1,000만 원 = 2,000만 원

결과적으로, 10년이라는 시간을 활용해 1,000만 원의 세금을 절감하는 효과를 얻을 수 있습니다.

마무리 요약 : 가족 구성과 자산 가치를 고려한 종합 설계 필요

상속은 배우자공제 등 규모가 큰 공제 제도를 활용해 과세표준 자체를 큰 폭으로 줄이는 데 강점이 있고, 증여는 수증자별로 과세 단위를 나누어 낮은 세율 구간을 적용받고 장기적인 시간 계획을 통해 상속재산 총액을 줄이는 데 유리합니다. 실제 최적의 전략은 가족 구성, 자산의 종류, 향후 가치 상승 가능성, 그리고 합산 규정 등을 종합적으로 고려해서 입체적으로 설계해야 합니다.

주요 자산별 과세가액 평가 방식

평가의 대원칙 : 시가(時價) 우선주의와 보충적 평가

'상속세 및 증여세법'은 상속·증여재산을 평가기준일(상속은 상속개시일, 증여는 증여일) 현재의 '시가'로 평가하는 것을 대원칙으로 규정하고 있습니다.

'상속세 및 증여세법' 제60조(평가의 원칙 등)
① 이 법에 따라 상속세나 증여세가 부과되는 재산의 가액은 상속개시일 또는 증여일 (이하 '평가기준일'이라 한다) 현재의 시가(時價)에 따른다.
② 제1항에 따른 시가는 불특정 다수인 사이에 자유롭게 거래가 이루어지는 경우에 통상적으로 성립된다고 인정되는 가액으로 하고 수용가격·공매가격 및 감정가격 등 대통령령으로 정하는 바에 따라 시가로 인정되는 것을 포함한다.
③ 제1항을 적용할 때 시가를 산정하기 어려운 경우에는 해당 재산의 종류, 규모, 거래 상황 등을 고려하여 제61조부터 제65조까지에 규정된 방법으로 평가한 가액을 시가로 본다.

여기서 시가란 앞서 언급했듯이 '불특정 다수인 사이에 자유롭게 거래가 이루어지는 경우에 통상적으로 성립된다고 인정되는 가액'을 의미하며, 법령에서 시가로 인정하는 가액은 평가 기간 내의 가액이어야 합니다.

- 시가 인정 범위(평가 기간) : '상속세 및 증여세법 시행령' 제49조 제1항
    - 상속 : 상속개시일 전 6개월부터 후 6개월까지의 기간(총 1년)
    - 증여 : 증여일 전 6개월부터 후 3개월까지의 기간

이 기간 내에 해당하는 ① 매매가액, ② 두 곳 이상의 공신력 있는 감정기관이 평가한 감정가액, ③ 수용·경매·공매가액 등이 확인될 경우, 해당 가액이 시가로 우선적으로 적용됩니다. 이러한 시가를 산정하기 어려운 경우에 한해 예외적으로 자산의 종류, 규모, 거래 상황 등을 고려해 법령이 정한 보충적 평가 방법(예 : 부동산의 공시가격, 비상장 주식의 순손익·순자산가치 평가 등)을 사용합니다. 이 적용 순서는 납세자가 임의로 변경할 수 없으며, 시가가 존재함에도 불구하고 보충적 평가액으로 낮게 신고할 경우 과소신고가산세 등 불이익이 따릅니다.

자산별 핵심 평가 방법

(1) 부동산(주택·상가·토지)

① 아파트 등 공동주택 및 오피스텔

평가 기간 내에 해당 주택의 매매사례가액이 존재하면 그 가액이 시

가가 됩니다. 매매사례가액이 없는 경우, 면적·위치·용도·종목 및 기준시가가 동일하거나 유사한 다른 부동산의 매매사례가액인 유사매매사례가액을 시가로 봅니다. 국토교통부 실거래가 공개시스템이나 국세청 홈택스의 '상속·증여재산 평가하기' 서비스를 통해 쉽게 확인할 수 있습니다. 이러한 시가 정보가 전무한 경우에만 감정가액, 최종적으로는 기준시가(공동주택가격, 오피스텔 기준시가 등)를 보충적 평가액으로 적용합니다.

② 단독주택, 상가, 토지 등 일반 부동산

아파트와 달리 유사매매사례가액을 찾기 어려운 경우가 많아, 공신력 있는 감정평가법인 두 곳 이상에서 감정을 받아 그 평균액을 시가로 신고하는 것이 가장 안정적인 방법입니다. 감정가액도 없는 경우에 한해서 토지는 개별공시지가, 건물은 건물 기준시가 등 보충적 평가액을 사용합니다.

실무 팁

임대 중인 부동산의 가치 평가

임대 중인 부동산의 경우, 세법은 '상속세 및 증여세법' 제66조(저당권 등이 설정된 재산 평가의 특례)에 따라 특별한 평가 규정을 두고 있습니다. 즉, 세법상 평가액(시가 또는 보충적 평가액)과 (임대보증금 + 해당 부동산에 담보된 채무액)을 비교해서 둘 중 큰 금액으로 평가합니다. 예를 들어, 시가 10억 원짜리 상가에 임대보증금 3억 원과 은행 담보대출 8억 원이 있다면, 채무 합계액이 11억 원으로 시가보다 크므로 상속재산가액은 11억 원으로 평가됩니다. 이는 해당 부동산이 최소한 그 채무액 이상의 가치를 담보하고 있다고 보기 때문입니다.

③ 분양권 및 조합원입주권

평가기준일까지 납입한 금액과 평가기준일 현재의 프리미엄(웃돈)에 상당하는 금액을 합산해 평가합니다. 프리미엄은 실제 거래사례 등을 통해 확인하며, 확인이 어려운 경우 분양권은 납입한 금액, 입주권은 (권리가액 + 추가 납입금)으로 평가될 수 있습니다.

(2) 금융자산(예금·주식·펀드 등)

① 예금 및 적금

평가기준일 현재의 예금 잔액에 이미 발생했으나 아직 지급받지 않은 이자, 즉 원천징수 전 경과이자(미수이자)를 합산해서 평가합니다. 상속개시일 이후에 발생하는 이자는 상속재산에 포함되지 않습니다.

② 국내 상장 주식

'상속세 및 증여세법' 제63조(유가증권 등의 평가)
① …(중략)… 평가기준일 이전·이후 각 2개월 동안 공표된 매일의 한국거래소 최종 시세가액(거래실적 유무를 따지지 아니한다)의 평균액으로 한다.

즉, 평가기준일 이전·이후 각 2개월(총 4개월) 동안 공표된 한국거래소 최종 시세가액(종가)의 평균액으로 평가합니다. 이는 특정 시점의 주가 급등락으로 인한 왜곡을 방지하기 위함입니다. 평가기준일이 휴일인 경우, 그 전후 가장 가까운 개장일의 종가를 기준으로 계산하는 등 세부 규정이 적용됩니다.

③ 해외 상장 주식

국내 상장 주식과 동일하게 평가기준일 이전·이후 각 2개월 종가의 평균액을 산출한 후, 평가기준일의 기준환율 또는 재정환율로 환산해서 원화 가액을 계산합니다.

④ ETF 및 펀드(집합투자증권)

평가기준일 현재의 거래소 기준가격 또는 자산운용사가 공고하는 기준가격으로 평가합니다.

(3) 비상장 주식

시가를 산정하기 어려운 비상장 주식은 '상속세 및 증여세법 시행령' 제54조에 따른 보충적 평가 방법으로 평가하는 것이 원칙이며, 그 구조는 다음과 같습니다.

평가산식 : 1주당 가치 = [(1주당 최근 3년간 순손익액의 가중평균) × 3 + (1주당 순자산가치) × 2] ÷ 5

- 1주당 순손익가치 : 기업의 미래 수익 창출 능력을 반영하는 지표로, 최근 3년간의 순손익액을 3 : 2 : 1로 가중평균해서 계산합니다.
- 1주당 순자산가치 : 평가기준일 현재 기업의 자산을 모두 처분했을 때 주주에게 돌아갈 수 있는 청산가치를 의미합니다.

위 산식은 일반적인 법인에 적용되며, 총자산 중 부동산 및 부동산 관련 권리의 가액이 50% 이상인 부동산 과다보유 법인은 순손익가치와 순자산가치의 가중치가 2 : 3으로 역전되어 적용됩니다. 이는 부동산 가치가 수익성보다 기업가치에 더 큰 영향을 미친다고 보기 때문입니다.

최대주주 할증평가

지배주주가 보유한 주식은 경영권 프리미엄을 반영해서 평가액의 20%를 할증하는 것이 원칙입니다. 다만, '조세특례제한법'상 중소기업 주식과 일정 요건을 충족하는 중견기업 주식은 이 할증평가에서 제외됩니다(상속세 및 증여세법 제63조 및 시행령 제53조).

(4) 가상자산(암호화폐)

가상자산 역시 상속·증여세 과세 대상이며, '상속세 및 증여세법 시행령' 제60조 제2항에 따라 명확한 평가 규정이 적용됩니다. 평가기준일 이전·이후 각 1개월(총 2개월) 동안 국세청장이 고시하는 가상자산사업자(업비트, 빗썸, 코인원, 코빗)가 공시하는 일평균가액의 평균액으로 평가합니다.

특수한 평가 : 부담부증여의 계산 구조

재산을 증여하면서 그 재산에 담보된 채무(예 : 주택담보대출, 전세보증금)를 수증자가 함께 인수하는 것을 '부담부증여'라고 합니다. 이 경우, 세금 계산이 이원화됩니다.

(1) 증여세

전체 증여재산의 시가에서 수증자가 인수한 채무액을 차감한 순수한 증여가액에 대해서만 수증자에게 증여세가 과세됩니다.

(2) 양도소득세

수증자가 인수한 채무액에 상당하는 부분은 증여자가 유상으로 자산을 양도한 것으로 보아, 증여자에게 양도소득세가 과세됩니다. 이는 '소득세법' 제88조에서 자산의 유상 이전을 '양도'로 정의하고, 채무 인수를 그 대가관계로 보기 때문입니다.

따라서 부담부증여를 계획할 때는 증여세와 양도소득세의 총합을 반드시 시뮬레이션해 유불리를 판단해야 합니다.

실무 체크리스트 및 유의사항

(1) 부동산

아파트는 실거래가가 곧 시가로 간주될 가능성이 매우 높으므로, 공시가격만을 기준으로 신고할 경우 추후 가산세를 포함한 세금이 추징될 위험이 큽니다.

(2) 상장 주식

증여세 신고 시, 증여일로부터 2개월이 경과해야 최종 평가액이 확정되므로, 주가 변동성을 고려한 증여 시점 선택과 신고 일정 관리가 중요합니다.

(3) 비상장 주식

평가 과정이 복잡하고 과세관청과의 분쟁 소지가 큰 자산입니다. 평가의 근거가 되는 재무자료를 철저히 보관하고, 필요한 경우 국세청의 '비상장 주식 평가심의위원회'에 사전심의를 요청하거나 전문가의 평가보고서를 첨부하는 것이 안전합니다.

(4) 자금 출처

모든 자산 이전은 향후 자금 출처 조사의 대상이 될 수 있음을 염두에 두고, 모든 평가 및 신고 과정의 증빙 서류를 철저히 관리해야 합니다.

마무리 요약 : 자산의 유형별 평가 원칙 이해가 중요

상속세 및 증여세 계산의 가장 첫 단추는 '상속 또는 증여받은 재산의 가치를 얼마로 평가할 것인가'를 확정하는 것입니다. 이 평가가액이 곧 과세표준을 산정하는 기준이 되며, 여기에 10~50%에 이르는 누진세율이 적용됩니다. 동일한 자산이라도 '어떤 가액을 세법상 시가(時價)로 인정받느냐'에 따라 최종 세액이 수억 원 이상 달라질 수 있으므로, 각 자산의 유형별 평가 원칙을 정확히 이해하는 것이야말로 모든 절세 전략의 출발점입니다.

무엇부터 증여할 것인가 :
증여 대상 자산의 우선순위와
실행 체크리스트

증여 전략을 수립할 때는 '언제' 실행할 것인가 하는 시점의 문제만큼 '어떤 자산부터' 이전할 것인가 하는 대상의 선택이 중요합니다. 최적의 우선순위는 ① 세금 효과(증여세, 미래의 상속·양도세), ② 유동성 확보, ③ 자산의 미래가치, ④ 가족 관계 및 분쟁 가능성이라는 네 가지 요소를 종합적으로 고려해서 결정해야 합니다.

에피소드 : 김 교수의 현명한 첫걸음

대학교수인 김 교수(60세)는 최근 성년이 된 딸 수진(19세)의 대학 등록금과 장기적인 학업 지원을 위해 단순한 현금 송금이 아닌, 체계적인 증여 계획을 실행하기로 결정했습니다.

먼저 그는 현금 2,000만 원과 보유 중이던 우량 상장 주식 5,000만 원 상당을 딸의 증권 계좌로 이체했습니다. 그리고 '상속세 및 증여세법' 제68조에 명시된 증여일이 속하는 달의 말일부터 3개월 이내라는 증여세 신고기한을 준수해서 관할 세무서에 증여세 신고를 마쳤습니다.

이때 딸 수진은 직계존속으로부터 증여받았으므로 '상속세 및 증여세법' 제53조에 따른 증여재산공제 5,000만 원을 적용받았고, 이를 초과하는 2,000만 원에 대해서만 10%의 세율을 적용받아 산출된 세액 200만 원을 납부했습니다. 증여계약서에는 '등록금 지원 및 학업 장려 목적'임을 명확히 기재하고, 계좌이체 확인증 등 객관적인 증빙 자료를 철저히 구비했습니다.

물론, '상속세 및 증여세법' 제46조(비과세되는 증여재산)는 '사회통념상 인정되는 이재구호금품, 치료비, 피부양자의 생활비, 교육비, 그 밖에 이와 유사한 것으로서 대통령령으로 정하는 것'에 대해서는 증여세를 부과하지 않는다고 규정합니다. 그러나 이 규정은 실제 해당 용도에 직접, 그리고 필요할 때마다 지출되는 금액을 전제로 합니다. 김 교수처럼 목돈을 미리 이전하거나 주기적으로 상당 금액을 지원하는 것은 과세관청과의 분쟁 소지가 있으므로, 이처럼 명확하게 증여로 신고하고 정리하는 것이 장기적으로 훨씬 안전한 방법입니다.

김 교수의 이 한 번의 계획적인 증여는 세 가지 중요한 효과를 동시에 가져왔습니다.

① 딸의 투명한 자금 출처를 형성해주었습니다. 향후 딸이 부동산을 취득하거나 투자할 때 정당한 자금의 원천을 입증할 수 있게 된 것입니다.

② 성장 가능성이 있는 주식의 미래 수익을 온전히 딸의 몫으로 이전했습니다. 증여 시점에 평가된 가액(상장 주식은 증여일 이전·이후 각 2개월 종가 평균액)으로 증여세가 과세되었으므로, 이후 주가 상승분은 추가적인 세금 부담 없이 딸의 자산이 됩니다.

③ 자신의 총재산을 합법적으로 줄임으로써 미래에 발생할 상속세 부담을 낮추는 효과적인 첫걸음을 내디뎠습니다.

해설 : 무엇부터 증여할 것인가 — 4대 원칙

자산 증여의 우선순위를 결정하는 기준은 명확합니다. 다음 네 가지 원칙을 순서대로 적용해 포트폴리오를 구성해야 합니다.

(1) 원칙 1 : 유동성 높은 자산이 최우선입니다(현금, 예금, 상장 주식)

① 이유

증여세는 원칙적으로 수증자(재산을 받은 사람)가 납부해야 합니다. 부동산이나 비상장 주식을 먼저 증여하면, 수증자는 재산은 받았으나 세금을 낼 현금이 없는 '재산은 많지만 현금은 없는' 상태에 빠질 수 있습니다. 현금성 자산을 먼저 증여하면 수증자가 증여세를 납부할 재원을 스스로 해결할 수 있습니다. 또한, 예금은 '잔액 + 경과이자', 상장 주식은 '평가기준일 전후 4개월 종가 평균' 등 가치 평가가 명확해 과세관청과의 분쟁 소지가 가장 적습니다.

② 유의사항

증여세 신고·납부기한(증여일이 속하는 달의 말일부터 3개월)을 반드시 준수해야 '국세기본법'에 따른 무신고·과소신고 가산세와 납부 지연 가산세 부담이 없습니다.

(2) 원칙 2 : 미래의 소득과 가치 상승분을 이전합니다(배당주, 수익형 부동산, 성장주)

① 수익형 자산

고배당주나 임대용 소형 부동산을 자녀에게 증여하면, 이후 배당소득, 임대소득은 자녀의 소득으로 귀속됩니다. 이는 부모의 종합소득세 부담을 줄이고, 미래 상속재산의 자연증가를 억제합니다. 자녀는 이 소득으로 생활하거나 재투자해 자산을 증식시킬 수 있습니다.

[참고] 2026년 개정된 세법에 따르면, 고배당 기업*으로 분류된 상장기업에서 배당받을 경우, 해당 배당소득은 종합소득으로 과세되지 않고 14~30%(지방세 제외)의 세율로 분리과세**되므로 상속재산으로서 장점이 더욱 부각될 것으로 예상됩니다.

* 고배당 기업 : '배당 성향(순이익 대비 배당금 비중)'이 40% 이상, 또는 '배당 성향 25% 이상 + 전년 대비 배당금 증가율 10% 이상'인 경우

** 배당소득규모 별 분리과세 세율 : 2,000만 원 이하(14%), 2,000만 원 초과~3억 원(20%), 3억 원 초과~50억 원(25%), 50억 원 초과(30%)

② 성장형 자산

증여는 '현재 시점'의 가치로 세금을 확정 짓는 '가치 동결' 효과가 있습니다. 따라서 향후 가치 상승이 확실시되는 비상장 주식이나 개발 예정 자산을 빨리 이전할수록, 미래의 가치 상승분에 대한 세금을 원천적으로 차단할 수 있습니다. 10억 원 가치의 자산이 10년 후 50억 원이 될 것으로 예상된다면, 지금 증여하는 것이 상속 시점까지 기다리는 것보다 훨씬 유리한 이유입니다.

(3) 원칙 3 : 분할이 용이하고 분쟁 가능성이 낮은 자산부터 시작합니다

① 분쟁 위험이 낮은 자산

현금, 예금, 상장 주식 등은 1원, 1주 단위로 정확하게 분할할 수 있어 여러 자녀에게 공평하게 증여하기 용이합니다. 이는 형제 간 불필요한 오해와 갈등을 사전에 방지하는 중요한 요소입니다.

② 분쟁 위험이 높은 자산

단독주택, 상가, 임야 등은 물리적 분할이 어렵고 각자가 생각하는 가치가 달라 분쟁의 소지가 큽니다. 특히 '공유지분' 형태로 증여할 경우, 향후 해당 부동산을 관리(임대 등)하거나 처분(매각 등)할 때 공유자 전원의 동의가 필요해 의사결정이 복잡해집니다. 이는 결국 가족 간 더 큰 갈등을 유발하는 경우가 많으므로 신중해야 합니다.

(4) 원칙 4 : 장기적인 세금 효과를 반드시 역산해야 합니다

증여는 단발성 이벤트가 아니라, 상속세와 양도소득세까지 연결된 장기적인 세금 계획의 일부여야 합니다. 특히 다음 두 가지 규정은 반드시 이해해야 합니다.

① 상속세 합산과세

상속개시일 전 10년 이내에 상속인에게 증여한 재산은 상속재산에 다시 합산해 상속세를 정산합니다.

따라서 가능한 한 이른 시점(60대 초반 등)부터 증여를 시작해야 이 '10년의 벽'에서 벗어날 확률이 높아집니다.

② 양도소득세 이월과세

배우자나 직계존비속에게 부동산 등을 증여한 후, 수증자가 10년 이내에 이를 양도할 경우, 양도차익 계산 시 취득가액을 증여 당시의 시가가 아닌 최초 증여자의 취득가액으로 적용하는 '이월과세' 규정이 적용됩니다.

이는 예상치 못한 양도소득세 폭탄으로 이어질 수 있으므로, 단기간 내에 매각할 가능성이 있는 부동산은 증여 대상에서 제외하고, 차라리 상속을 통해 상속일 현재 시가로 평가받아 상속세를 납부하고, 추후 양도 시 상속당시 시가를 취득가액으로 인정받아 양도소득세를 절감하는 방안이 유리할 것입니다.

자산 유형별 증여 우선순위 매트릭스

우선순위	자산 유형	핵심 전략 및 법적 유의사항
1순위 '첫 단추' 전략	현금, 예금, 상장 주식	평가가 명확하고 분할이 용이하며, 증여세 납부 재원 확보에 가장 유리합니다. 상장 주식은 '상증세법 시행령' 제52조의2에 따라 4개월 평균가로 산정되므로, 증여 시점 설계 시 주가 변동성을 고려해야 합니다.
2순위 '현금흐름 이전' 전략	배당주, 임대형 소형 부동산	증여 이후 발생하는 소득을 수증자에게 귀속시켜 부모의 재산 증가를 억제합니다.
3순위 '가치 동결' 전략	성장 기대 비상장 주식, 개발 유망 토지	가치 상승이 본격화되기 전, 낮은 평가액으로 증여하면, 미래의 세 부담을 차단하는 효과가 극대화됩니다. 비상장 주식 평가는 '상증세법 시행령' 제54조의 복잡한 규정을 따라야 하므로 전문가의 검토가 필수적입니다.
보류·대안 검토 '상속 우선' 전략	고가 또는 단기 매각 예정 부동산	증여재산공제 한도(성년 자녀 5,000만 원)가 낮아 즉시 납부할 증여세 부담이 큽니다. 상속을 통해 일괄공제(5억 원), 배우자공제(최대 30억 원) 등 큰 공제를 활용하고, 상속 시 취득가액이 상향 조정되는 '스텝업 효과'로 '소득세법'상 양도세를 절감하는 것이 유리합니다.

증여 실행을 위한 체크리스트

증여를 실행하기 전에, 다음 항목을 반드시 최종 점검해야 합니다.

- [유동성] 수증자가 증여세를 스스로 납부할 현금 재원을 가지고 있습니까?

- [평가] 증여할 자산의 시가를 입증할 객관적인 자료(매매사례, 감정평가서 등)가 '상증세법' 제60조에 따라 준비되었습니까?

- [양도 계획] 10년 내 매각할 가능성이 있는 부동산은 아닙니까?('소득세법' 제

- [상속 연계] 증여 시점으로부터 10년 이내에 상속이 개시될 가능성을 고려했습니까?('상증세법' 제13조 합산 과세 위험 점검)

- [공제 한도] 수증자별 10년 누계 공제 한도('상증세법' 제53조)를 확인하고, 신설된 혼인 · 출산 추가공제(동법 제53조의2, 최대 1억 원) 적용 가능성을 검토했습니까?

- [소득 귀속] 증여 후 발생하는 소득(배당, 임대)이 수증자의 소득세 및 건강보험료 등에 미칠 영향*을 분석했습니까?

  * 증여 후 재산이 부동산이나 금융자산이 증가하게 되면 건강보험료도 증가(자산 10억 증가 시 월 40~80만 원의 보험료 증가예상) 가능성이 크며, 건강보험공단에서는 자산보유자에 대해 '경제적으로 독립 가능'하다고 판단해 직장가입자 가족에서 제외되어 지역가입자로 전환가능성이 커짐.

- [가족 관계] 다른 자녀와의 형평성 문제를 고려했으며, 분쟁 소지가 적은 자산을 선택했습니까?

- [증빙 서류] 증여계약서, 계좌이체 확인증 등 법적 증빙을 완벽하게 준비했습니까?

- [부담부증여] 채무를 함께 이전한다면, 증여자에게 부과될 양도소득세를 계산하고 신고 계획을 세웠습니까?

- [신고기한] 증여일로부터 3개월 이내 신고 · 납부 일정을 확정했습니까?

마무리 요약 : 유동성 높은 자산 증여와 복잡한 자산의 시기별 신중 접근 전략 필요

증여의 첫 단추는 평가와 증빙이 명확하고 유동성이 높은 자산으로 시작하는 것이 가장 안전하고 효과적입니다. 그 후, 미래가치가 오를 자산을 조기에 이전해 세금을 동결시키고, 부동산과 같이 복잡한 자산은 10년 이월과세 규정과 상속공제와의 유불리를 종합적으로 판단해 신중하게 경로를 선택해야 합니다. 이 장에서 제시한 원칙과 체크리스트를 바탕으로 자산 포트폴리오를 점검한다면, 리스크를 최소화하고 절세 효과를 극대화하는 최적의 증여 전략을 수립할 수 있을 것입니다.

최근 세법 개정에 따른
핵심 쟁점 정리

세법은 사회·경제적 변화에 따라 끊임없이 진화하는 살아 있는 규범입니다. 특히 상속·증여세 분야는 조세 회피를 방지하려는 과세관청의 입장과 원활한 부의 이전을 지원하려는 정책적 목표 사이에서 균형을 맞추며 빈번하게 개정됩니다.

이 장에서는 2026년 기준 유효한 법규를 기준으로, 실제 자산 이전 계획과 세금 신고에 직접적인 영향을 미치는 핵심적인 변화들을 법적 근거와 함께 심층적으로 분석하고, 그 실무적 의미를 정리합니다.

반드시 숙지해야 할 핵심 개정 사항 및 현행 기준

(1) 부동산 증여 후 양도 시 '이월과세' 적용 기간 10년으로 확대

① 핵심 내용

배우자나 직계존비속에게 부동산, 분양권 등을 증여한 후, 이를 증여받은 수증자가 증여일로부터 10년 이내에 양도하는 경우, 양도소득세 계산 시 취득가액을 증여 당시의 평가액이 아닌 최초 증여자의 취득가액으로 소급 적용합니다. 이 규정은 2023년 1월 1일 이후 증여분부터 기존 5년에서 10년으로 확대 적용되고 있습니다.

② 법적 근거 및 입법 취지

'소득세법' 제97조의2(양도소득의 필요경비 계산 특례)
① 거주자가 양도일부터 소급해 10년 이내에 그 배우자 또는 직계존비속으로부터 증여받은 …(중략)… 자산의 양도차익을 계산할 때 양도가액에서 공제할 필요경비는 …(중략)… 그 배우자 또는 직계존비속의 취득 당시 …(중략)… 금액으로 한다.

이 조항의 입법 취지는 명확합니다. 증여를 통해 취득가액을 시가로 상향 조정한 뒤 단기간 내에 매각해 양도소득세를 회피하려는 조세 계획을 근본적으로 차단하기 위한 조치입니다. '10년'이라는 긴 시간의 족쇄를 채움으로써, 증여는 단기 차익 실현 목적이 아닌 장기적인 자산 이전의 목적으로만 활용하도록 유도하는 것입니다.

(2) '혼인·출산 증여재산공제' 신설(최대 1억 원 추가 공제)

① 제도 개요

2024년 1월 1일 이후 증여분부터, 거주자인 자녀가 직계존속으로부터 혼인일 전후 각 2년 이내 또는 자녀의 출생일(입양신고일)부터 2년 이내에 증여받는 재산에 대해, 기본 증여재산공제(5,000만 원)와 별도로 최대 1억 원까지 추가로 공제받을 수 있는 제도가 신설되었습니다.

② 법적 근거 및 실무 포인트

'상속세 및 증여세법' 제53조의2(혼인·출산 증여재산공제)
① 거주자가 직계존속으로부터 혼인일 전후 2년 이내 또는 자녀의 출생일부터 2년 이내에 증여받은 재산은 제53조에 따라 공제받는 금액 외에 1억 원을 한도로 증여세 과세가액에서 공제한다.

이 공제는 자동으로 적용되는 것이 아니므로, 반드시 증여세 신고 시 혼인관계증명서, 가족관계증명서 등 해당 요건을 충족했음을 입증하고 공제를 신청해야 합니다. 혼인과 출산 사유가 모두 발생하더라도 통합해 1억 원 한도 내에서만 적용됩니다. 이는 저출산·고령화 시대에 청년층의 자산 형성 초기 단계를 지원하려는 강력한 정책적 의지가 반영된 결과입니다.

(3) '특정 법인과의 거래를 통한 이익의 증여의제' 범위 확대

① 주요 변경점

종전에는 내국법인을 통한 우회 증여에 초점을 맞추었으나, 2025년부터 시행된 개정 '상속세 및 증여세법' 제45조의5 및 관련 시행령은 과세 대상에 외국법인을 포함하고, 불균등 감자 등 자본 거래까지 그 범위를 명확히 확대했습니다. '특정 법인'이란 지배주주와 그 친족의 지분율이 30% 이상인 법인을 말합니다.

② 실무적 영향

해외에 설립된 특수목적회사(SPC)나 지주회사를 활용해서 자산을 이전하거나, 불균등 감자·현물출자 등 복잡한 자본 거래를 통해 편법적으로 부를 이전하려는 시도에 대한 과세가 대폭 강화되었습니다. 이는 조세조약 및 국가 간 금융정보 교환 확대로 인해 역외탈세에 대한 과세 인프라가 갖추어졌음을 의미하며, 국제적인 지배구조를 활용할 경우 반드시 사전에 면밀한 세무 검토가 선행되어야 함을 시사합니다.

(4) 가업승계 지원 제도의 진화 : 연부연납 및 납부유예

① 증여세 연부연납 기간 확대

'조세특례제한법' 제30조의6에 따른 가업승계 증여세 과세특례를 적용받는 경우, 증여세의 연부연납 기간이 기존 5년에서 최장 15년으로 대폭 확대되었습니다. 이는 사전 승계 시 발생하는 증여세 납부 부담을 실질적으로 완화해 창업주가 건강할 때 계획적으로 승계를 진행하도록 유도하는 중요한 변화입니다.

② 상속세 납부유예 제도

중소기업에 한해 가업상속공제 대신 선택할 수 있는 제도로('상속세 및 증여세법' 제72조의2), 가업재산을 처분하는 시점까지 상속세 납부를 유예해주는 강력한 유동성 지원책입니다. 특히 사후관리 요건 중 고용유지 의무가 '5년간 정규직 근로자 수 평균 또는 총급여액 평균이 상속개시일 직전 2개 사업연도 평균의 70% 이상'으로 완화되어, 구조조정 등 경영상 유연성이 필요한 기업에 유리할 수 있습니다.

(5) 가상자산 평가 방식의 법제화

2022년부터 가상자산의 평가는 '상속세 및 증여세법 시행령' 제60조 제2항에 따라, 평가기준일 이전·이후 각 1개월(총 2개월) 동안 국세청장이 고시한 가상자산사업자(업비트, 빗썸, 코인원, 코빗)가 공시하는 일평균가액의 평균액으로 규정되었습니다. 국세청 홈택스에서 관련 가격 조회가 가능하며, 이는 가상자산이라는 새로운 유형의 자산에 대한 과세 공백을 메우고 예측 가능성을 높인 중요한 입법입니다.

마무리 요약 : 현행 법규 이해 및 장기 로드맵 수립

최근 세법 개정의 핵심은 '10년'이라는 시간 단위를 중심으로 모든 자산 이전 전략을 재편해야 한다는 것입니다. 양도소득세 이월과세와 사전증여재산 합산 규정은 단기적인 조세 계획의 실효성을 크게 떨어뜨렸습니다. 반면, 혼인·출산 공제 신설, 가업승계 연부연납 기간 확대 및 납부유예 제도 도입 등은 장기적인 관점에서 계획을 수립하는 납세자에게 새로운 기회를 제공합니다. 복잡해진 세법 환경 속에서 성공적인 자산 이전을 위해서는, 현행 법규를 정확히 이해하고 이를 바탕으로 장기적인 로드맵을 수립하는 것이 그 어느 때보다 중요해진 것입니다.

실수하기 쉬운 사례로 배우는
실전 리스크 관리

에피소드 : 박 사장의 두 번의 치명적 실수

중건 부품업체를 성공적으로 이끌어온 박 사장(65세)은 자녀에게 자산을 이전하기에 앞서 나름의 절세 계획을 세웠습니다. 그러나 상식에 기댄 두 번의 선택은 결국 거액의 세금 추징이라는 결과로 이어졌습니다.

(1) 부부 사이인데 설마… – 배우자 증여재산 미신고

박 사장은 신규 아파트 취득 자금 8억 원을 본인 계좌에서 아내의 계좌로 일시에 이체한 후, 아내 단독 명의로 소유권 등기를 마쳤습니다. 그는 부부 공동의 노력으로 형성한 재산이고, 부부간의 자금 이동은 문제가 없을 것으로 생각해 별도의 증여세 신고를 하지 않았습니다.

하지만 과세관청은 국세행정시스템(NTIS)을 통해 자금 흐름을 파악하고 이를 증여로 판단했습니다. 배우자 간 증여재산공제는 '상속세 및 증여세법' 제53조에 따라 10년간 6억 원까지 가능하므로, 공제 한도를 초과한 2억 원(8억 원 − 6억 원)에 대해 본세는 물론, '국세기본법'에 따른 무신고가산세(통상 20%)와 납부 지연 가산세(2026년 기준 현재 연 8.03%, 1일 22/100,000)까지 더해져 고지되었습니다.

세액 시뮬레이션

- 과세표준 : 8억 원(증여재산) − 6억 원(배우자공제) = 2억 원
- 산출세액 : (2억 원 × 20%) − 1,000만 원(누진공제) = 3,000만 원
- 가산세 :
  - 무신고가산세 : 3,000만 원 × 20% = 600만 원
  - 납부 지연 가산세 : 3,000만 원 × (연 8.03%) × (경과 기간)
    ➔ 결론 : 신고만 제대로 했어도 본세 3,000만 원만 납부하면 될 사안이었으나, 신고 누락으로 인해 상당한 추가 세 부담이 발생했습니다.

(2) 내 회사 가치는 내가 정한다 – 비상장 주식 임의 저가 평가

박 사장은 아들에게 자신이 보유한 비상장 주식 20%를 증여하면서, 공신력 있는 외부 평가기관을 통하지 않고 내부적으로 주식 가치를 10억 원으로 산정해 증여세를 신고·납부했습니다.

하지만 세무조사 과정에서 과세관청이 '상속세 및 증여세법' 제63조 및 동법 시행령 제54조의 보충적 평가 방법에 따라 재평가한 결과, 해당 주식의 실제 가치는 20억 원으로 확인되었습니다. 이에 따라 과

소 신고된 10억 원에 대한 증여세 본세와 더불어, 과소신고가산세(일반 10%, 부당 40%) 및 납부 지연 가산세가 추가로 추징되었습니다. 만약 고의적으로 가치를 낮췄다고 판단될 경우, '부당과소신고가산세' 40%가 적용되어 세 부담은 눈덩이처럼 불어날 수 있습니다.

핵심 교훈은 세법의 잣대는 거래 당사자가 부부인지, 부모·자식 관계인지, 혹은 자신이 지배하는 회사인지에 따라 달라지지 않습니다. 모든 세무 문제의 판단 기준은 오직 객관적인 사실관계와 이를 입증하는 증빙뿐입니다.

반복되는 실수의 원인 분석과 예방책

(1) 가족 간 자금 이전을 '증여'로 인식하지 못하는 경우

① 오해

"부부 공동 재산이니 신고는 필요 없다" 또는 "자녀에게 생활비를 보낸 것일 뿐이다."

② 진실

부부 일방의 자금으로 상대방 명의의 재산을 취득하거나, 일방의 재산 명의를 다른 일방에게 이전하는 것은 원칙적으로 증여에 해당합니다. 배우자공제 6억 원은 신고해야 적용받을 수 있는 권리입니다. 또한, '상증세법' 제46조에서 비과세 대상으로 규정한 생활비나 교육비는 '사회통념상 인정되는' 범위 내에서 '실제 필요에 의해 직접 지출된 금액'을 의미합니다. 이를 초과해 지원하고 그 자금이 저축되거나 다른 자산(주식, 부동산 등)에 투자될 경우 명백한 증여세 과세 대상이 됩니다.

③ 예방책

- 모든 증여 행위에 대해 증여계약서를 작성하고 계좌이체 등 객관적 증빙을 남깁니다.
- 배우자공제 한도 내의 증여라도 반드시 기한 내에 신고해 법적 안정성을 확보합니다.
- 생활비·교육비는 실제 사용 내역을 증빙할 수 있도록 관리하고, 남은 자금의 별도 투자는 지양합니다.

(2) 비상장 주식 가치의 임의 평가

① 오해

"거래도 없는 주식인데, 가치를 정확히 알 수 없을 것이다."

② 진실

비상장 주식은 세법이 정한 엄격한 보충적 평가 방법(1주당 순손익가치와 순자산가치를 3:2로 가중평균)에 따라 평가됩니다. 임의로 가치를 낮춰 신고하는 것은 명백한 과소신고에 해당하며, 고의성이 인정될 경우 최대 40%의 부당과소신고가산세가 부과될 수 있습니다.

③ 예방책

- 반드시 세무·회계 전문가를 통해 공신력 있는 평가보고서를 확보합니다.
- 평가 과정의 주요 가정(미래 추정치, 적용 할인율 등)과 근거 자료를 철저히 문서화해 방어 논리를 갖춥니다.

(3) 가족 간 금전대차의 증여 의제

① 원칙

'상증세법' 제41조의4에 따라, 특수관계인 간에 금전을 무상 또는 적정 이자율(2026년 기준 4.6% 적용)보다 낮은 이율로 대여해 발생하는 이익(이자 차액)이 연간 1,000만 원 이상일 경우, 그 이자 차액을 증여로 보아 증여세를 과세합니다.

② 입증 책임

과세관청은 가족 간의 금전 거래를 우선 '증여'로 추정하는 경향이 있습니다. 따라서 차용증, 이자 지급 내역, 원금 상환 계획 등 실제 대여 계약임을 입증할 책임은 전적으로 납세자에게 있습니다.

③ 예방 체크리스트

- 원금, 이자율, 만기일, 상환 방법 등이 명시된 차용증을 공증해 작성합니다.
- 정기적으로 이자를 지급하고, 관련 원천징수를 이행하며, 모든 거래 내역을 계좌이체로 남깁니다.

(4) 특수관계인 간 저가·고가 양수도

① 원칙

'상증세법' 제35조에 따라, 특수관계인 사이에서 시가보다 현저히(시가의 30% 또는 3억 원 중 적은 금액 이상) 낮거나 높은 가액으로 재산을 거래할 경우, 그 차액에 대해 증여세를 과세하는 '증여의제' 규정이 적용됩니다.

② 예방책

- 거래 전에 반드시 매매사례가액이나 감정가액 등 객관적인 시가 근거를 확보합니다.
- 이러한 거래가 불균등 증자 등 자본 거래와 결합될 경우, '특정 법인을 통한 이익의 증여' 문제로 확대될 수 있으므로 각별히 유의해야 합니다.

(5) 보험금 수령 시 발생하는 증여세

① 원칙

보험 계약의 계약자(보험료 납입자)와 수익자가 다른 경우, 보험사고 발생 시 수익자가 수령하는 보험금은 사실상 보험료 납입자로부터 증여받은 것으로 보아 증여세가 과세될 수 있습니다(사망보험금은 상속재산으로 간주).

② 예방 체크리스트

- 보험 가입 단계에서부터 계약자-피보험자-수익자 구도에 따른 세무 효과를 면밀히 검토합니다.

- 가입 이후 수익자를 변경할 경우에도 증여세 문제가 발생할 수 있음을 인지하고 전문가와 상의해야 합니다.

(6) 동거주택 상속공제 요건의 오인

① 핵심 요건

'상증세법' 제23조의2에 따라, 피상속인과 상속인(직계비속)이 상속개시일로부터 소급해 10년 이상 계속 하나의 주택에서 동거하고, 상속개시일 현재 상속인이 1세대 1주택자이거나 무주택자인 경우 등 까다로운 요건을 모두 충족해야 합니다.

② 예방책

- 주민등록등본상 주소지 기록은 물론, 공과금 납부 내역 등 실제 거주 사실을 입증할 자료를 평소에 관리해야 합니다.
- 10년의 동거 기간 중 상속인이 일시적으로라도 다른 주택을 소유한 이력이 있다면 공제 적용이 배제될 수 있으므로 정밀한 검토가 필요합니다.

(7) 신고기한 및 납부 방식의 절차적 실수

① 신고기한

증여세는 3개월, 상속세는 6개월(해외 거주 등 예외 시 9개월) 내에 신고·납부를 완료해야 하며, 기한을 넘기면 가산세가 부과됩니다('상증세법' 제67조, 제68조).

② 연부연납

'상증세법' 제71조에 따라, 요건 충족 시 최장 10년(가업상속은 20년)까지 분할 납부가 가능하지만, 이는 기한 내에 신청하고 관할 세무서장의 허가를 받아야만 가능한 제도입니다. 사전 준비 없이 기한에 임박해 신청할 경우 담보 제공 문제 등으로 계획에 차질이 생길 수 있습니다.

③ 예방책

- 증여 · 상속 발생 즉시 세무 일정표를 작성하고 기한을 관리합니다.
- 연부연납이 필요할 경우, 사전에 담보 요건, 가산금 이자율 등을 확인하고 금융기관과 협의를 시작합니다.

마무리 요약 : 투명한 기록, 정당한 신고만이 안전한 절세 전략

세법의 판단 기준은 '관계'가 아닌 '사실'과 '증빙'입니다. 배우자 공제, 생활비 비과세, 각종 상속공제 등 유용한 제도들은 법에서 정한 요건과 절차를 완벽하게 충족했을 때만 그 힘을 발휘합니다. 신고, 평가, 증빙이라는 세 가지 기본 원칙을 가볍게 여기는 순간, 절세는 조세 회피로 변질되고, 무시하지 못할 가산세라는 결과로 돌아올 뿐입니다. 모든 거래는 투명하게 기록하고, 모든 혜택은 정당하게 신고하는 것만이 가장 확실하고 안전한 절세 전략임을 명심해야 합니다.

자산 유형별 절세 전략

부동산 상속·증여 전략

대부분의 사람들에게 가장 큰 재산은 부동산입니다. 따라서 상속 또는 증여 절세 전략의 성패는 '부동산 가액을 어떻게 평가해서 신고하는가'에 달려 있다고 해도 과언이 아닙니다. 많은 납세자들이 상속·증여 시점의 세금 부담을 줄이는 데만 집중해 부동산 가치를 가능한 한 낮게 신고하려는 경향이 있습니다. 그러나 이러한 접근은 오래 쌓아야 하는 도미노의 첫 블록을 세우는 것과 같아서 결코 단순한 문제가 아닙니다. 상속·증여 시 신고된 부동산 가액은 수증자(상속인)의 새로운 '취득가액'으로 확정되고, 이는 훗날 해당 부동산을 양도할 때 양도소득세 규모를 결정하는 핵심 요인이 되기 때문입니다.

상속·증여세와 양도소득세는 서로 반비례 관계에 있는 시소와 같습니다. 당장의 상속·증여세를 줄이기 위해 취득가액을 낮추면 미래의 양도소득세가 늘어날 수 있고, 반대로 미래의 양도소득세를 절감하기 위해 취득가액을 높이면 당장의 세금 부담이 커집니다. 따라서 부동산 평가는 단순히 세법 규정을 따르는 수동적 절차가 아니라, 자산의 종류, 수증자의 미래 계획, 그리고 변화하는 세율 구조를 종합적으로 고려해서 최적의 균형점을 찾아가는 능동적이고 고도화된 전략 수립 과정입니다.

이 장에서는 부동산 평가가 상속·증여세와 양도소득세의 총합에 미치는 영향을 심층적으로 분석하고, 자산별 특성에 맞춘 실질적인 평가 전략을 제시함으로써 절세의 가장 중요한 첫 단추를 올바르게 끼울 수 있는 전문적인 지침을 제공하고자 합니다.

시소 게임 : 상속세 vs 미래 양도소득세

(1) 근본적인 상충관계 : 지금 낼 것인가, 나중에 (더 많이) 낼 것인가

부동산 평가액을 결정하는 것은 '지금 낼 세금(상속·증여세)'과 '나중에 낼 세금(양도소득세)' 사이의 저울질입니다. 이 둘은 반비례 관계에 있습니다.

- 낮은 평가액(예 : 기준시가) 선택 : 당장의 상속·증여세 부담은 최소화됩니다. 하지만 이 낮은 평가액이 그대로 취득가액으로 고정되어, 향후 부동산 매각 시 양도차익이 극대화되고, 이는 결국 높은 양도소득세로 돌아옵니다.

- 높은 평가액(예 : 감정가액) 선택 : 당장의 상속·증여세 부담은 커집니다. 하지만 이 높은 평가액이 취득가액이 되어, 향후 매각 시 양도차익을 최소화하거나 없애주므로 미래의 양도소득세 부담을 상당히 줄일 수 있습니다.

가장 중요한 것은 일단 상속·증여세 신고가 완료되고 세액이 결정되면 그 평가액, 즉 취득가액은 변경할 수 없다는 사실입니다. 이 때문에 최초의 평가액 결정은 단순한 세금 계산을 넘어, 한 가족의 장기적인 재무 계획을 좌우하는 중요한 전략적 선택이 됩니다.

(2) 손익분기점 분석 : 사례 연구

이러한 상충관계를 구체적인 숫자로 비교하면 그 중요성이 더욱 명확해집니다. 아래는 비사업용 토지를 상속받는 경우, 평가 방법에 따라 총 세 부담이 어떻게 달라지는지를 분석한 사례입니다.

[평가 방법에 따른 총 세 부담 비교 분석]

구분	시나리오 A 공시지가로 평가	시나리오 B 감정가액으로 평가	비고
최초 평가액(상속재산가액)	3억 원	7억 원	
상속세(기본공제 가정)	0 원	3,000만 원	
향후 양도 시			
양도가액	7억 원	7억 원	
취득가액	3억 원	7억 원	결정적 차이 발생지점
양도차익	4억 원	0 원	
양도소득세(비사업용 토지)	약 1억 9,000만 원	0 원	
총납부세액	1억 9,000만 원	3,000만 원	
최종 손익		1억 6,000만 원 절세	

(주) 피상속인의 배우자가 없는 것으로 가정. 일괄공제 5억 원을 적용

앞의 표에서 보듯, 당장의 상속세 3,000만 원을 아끼기 위해 공시지가로 신고한 결정은 미래에 1억 9,000만 원이라는 훨씬 더 큰 세금 폭탄으로 돌아왔습니다. 반면, 감정평가를 통해 상속세를 납부한 경우는 총 1억 6,000만 원의 세금을 절약하는 현명한 선택이 되었습니다.

이러한 결과가 나타나는 이유는 상속세율과 양도소득세율의 구조적 차이 때문입니다. 특정 구간에서는 양도소득세의 부담이 상속세보다 훨씬 더 클 수 있습니다.

[상속·증여세율 vs 양도소득세 기본세율 구조 비교(2026년 기준)]

과세표준	상속·증여세율	양도소득세 기본세율
1억 원 이하	10%	6~35%
1억 원 초과 ~ 5억 원 이하	20%	35~40%
5억 원 초과 ~ 10억 원 이하	30%	42%
10억 원 초과 ~ 30억 원 이하	40%	45%
30억 원 초과	50%	45%
참고사항		비사업용토지 : 기본세율+10%p 중과 단기 보유(1~2년) : 40~70% 단일세율

두 세율 표를 비교해보면, 양도차익이 1억 원만 초과해도 양도소득세율이 35~40%로 급격히 높아지는 것을 알 수 있습니다. 반면 상속세는 과세표준 5억 원까지는 20% 세율이 적용됩니다. 특히 비사업용 토지나 다주택자의 경우, 양도세 중과 규정까지 적용되면 세율 격차는 더욱 벌어지므로, 감정평가를 통해 취득가액을 높여 양도차익 자체를 줄이는 전략이 총 세 부담 측면에서 유리할 수 있는 부분이 존재합니다.

(3) 감정평가가 유리한 대표적 시나리오

그렇다면 어떤 경우에 의도적으로 높은 감정가액을 선택하는 것이 현명할까요?

① 지가 상승 기대가 큰 자산

개발 호재가 있는 지역의 토지나 재건축 예정 아파트 등 향후 가치 상승이 확실시되는 자산은 현재 시점에 감정평가를 통해 취득가액을 최대한 높여두는 것이 미래의 커다란 양도차익에 대한 세금을 방어하는 가장 효과적인 방법입니다.

② 양도소득세 중과 대상 자산

앞선 사례의 비사업용 토지처럼 양도세가 중과되는 자산은 양도차익 최소화가 절세의 최우선 과제입니다. 다주택자가 조정대상지역의 주택을 상속받는 경우도 마찬가지입니다.

③ 양도소득세율과 상속세율의 차이 이점을 활용할 수 있는 경우

앞서 말한 바와 같이 양도소득세와 상속·증여세의 세율 차이를 이용할 수 있는 경우에는 적극적으로 상속세를 납부하는 것이 유리합니다.

결론적으로, 최적의 평가액 결정은 단순히 자산가치만을 보는 것이 아니라, 해당 자산에 적용될 세법 규정과 상속인의 미래 재무 계획까지 아우르는 입체적인 분석을 요구합니다.

부동산 유형별 맞춤형 평가 전략

최적의 평가 전략은 자산의 종류, 상속인의 미래 계획, 그리고 상속세와 양도소득세의 상대적 세율 구조라는 세 가지 변수에 의해 결정됩니다. 거래가 투명한 아파트는 증여 '시기'를 조절하거나 선제적 감정평가를 통해 유리한 시가를 확보하는 시간 싸움이 핵심입니다. 반면, 거래가 불투명한 상가나 토지는 국세청의 평가 착수 기준과 무가산세 규정을 활용한 '계산된 위험 감수'가 중요한 전략이 됩니다.

(1) 아파트 및 오피스텔 : 양날의 검인 유사매매사례가액

아파트와 같은 공동주택은 국토교통부 실거래가 공개시스템을 통해 거래 정보가 투명하게 공개되므로, 과세관청이 유사매매사례가액을 쉽게 확보할 수 있습니다. 이 때문에 기준시가와 같은 낮은 가액으로 신고하기는 어렵습니다. 여기서 '유사매매사례가액'으로 인정받기 위한 법적 요건은 엄격합니다.

- 동일한 공동주택단지 내에 있을 것
- 평가 대상 주택과 주거전용면적의 차이가 5% 이내일 것
- 평가 대상 주택과 공동주택의 공시가격의 차이가 5% 이내일 것

이러한 투명성은 오히려 전략 수립의 기회가 되기도 합니다. 아파트 평가 전략의 핵심은 '가치'가 아닌 '시간'을 통제하는 것입니다.

- 공격적 전략(전략적 타이밍) : 증여를 계획하고 있다면, 시장 동향을 주시하다가 단지 내에서 시세보다 낮은 '급매' 물건이 거래·신고되는 시점을 포착해야 합니다. 그 직후에 증여를 실행하면, 해당 급매가액이 가장 최근의 거래로서 증여재산의 시가로 인정될 가능성이 커집니다. 이를 통해 합법적으로 낮은 평가액을 확보할 수 있습니다.

- 방어적 전략(선제적 감정평가) : 반대로, 인근 아파트가 곧 높은 가격에 팔릴 것으로 예상되거나 이미 고가에 거래된 사례가 있어 불리한 시가 적용이 우려된다면, 그 거래가액이 나의 평가기준일과 가장 가까운 시가가 되기 전에 먼저 감정평가를 받아두는 전략이 유효합니다. 여러 평가 방법이 존재할 경우, 평가기준일과 가장 가까운 날짜의 가액이 우선적으로 적용되기 때문입니다. 선제적인 감정평가는 불리한 미래의 거래가액을 무력화시키는 방패가 될 수 있습니다.

(2) 상가·토지 등 비아파트 부동산 : 계산된 위험 감수

상가, 토지, 단독주택 등 개별성이 강한 부동산은 아파트와 달리 유사매매사례가액이 존재하지 않는 경우가 대부분입니다. 이는 평가 방법의 위계질서상 가장 낮은 단계인 '보충적 평가 방법(기준시가)'을 적용할 수 있는 절호의 기회를 제공합니다. 기준시가는 통상 시세의 50~70% 수준에 불과하므로, 이를 통해 상속·증여세를 상당히 줄일 수 있습니다.

물론 과세관청도 이러한 허점을 인지하고 있습니다. 국세청은 기준시가와 실제 시가의 차이가 크다고 의심되는 비주거용 부동산에 대해 자체적으로 감정평가를 의뢰해 세금을 추징하는 '표적 평가 프로그램'

을 운영하고 있습니다. 납세자가 주목할 정보는 국세청이 공개한 내부적인 평가 착수 기준입니다.

- 주요 대상 : 비주거용 부동산(상가, 빌딩, 토지 등)
- 평가 착수 기준 1 : 국세청 추정 시가와 신고된 기준시가의 차액이 5억 원 이상인 경우
- 평가 착수 기준 2 : 그 차액이 국세청 추정 시가의 10% 이상인 경우

여기서 극적인 반전은 '무(과소)신고가산세' 규정입니다. 납세자가 기준시가로 성실히 신고했으나, 추후 국세청의 자체 감정평가로 인해 세금이 추징되더라도, 이는 납세자의 귀책사유가 아니므로 추가납부할 세금의 10%에 달하는 과소신고가산세는 부과되지 않습니다. 다만, 납부 지연 기간의 이자 성격인 납부 지연 가산세(연 이율 약 8%)는 부과됩니다. 최악의 경우, 8%의 이자를 물을 마음의 자세가 되어 있다면, 보충적 평가 방법 사용은 세금 신고를 단순한 순응의 문제가 아닌, '계산된 위험 감수'의 영역으로 바꿔놓습니다. 국세청의 제한된 예산과 행정력으로 모든 의심 건을 평가할 수 없다는 현실을 고려하면, 납세자는 다음과 같은 의사결정 매트릭스를 통해 전략을 수립할 수 있습니다.

[비아파트 부동산 평가를 위한 납세자 의사결정 매트릭스]

추정 시가와 기준시가 차이	국세청 평가 위험	추천 전략	근거
5억 원/10% 기준에 현저히 미달	낮음	기준시가로 신고	국세청 평가 대상이 될 확률이 매우 낮음. 당장의 세금 부담 최소화

추정 시가와 기준시가 차이	국세청 평가 위험	추천 전략	근거
기준에 근접하거나 소폭 초과	중간	기준시가로 신고 (계산된 위험 감수)	절세 잠재력이 큼. 최악의 경우라도 가산세 없이 본세와 이자만 추징됨. 합리적인 도박
기준을 현저히 초과	높음	선제적 감정평가 후 신고	국세청 평가 확률이 매우 높음. 불확실성을 제거하고 과정을 통제하는 것이 유리

(주) 2025년 12월, 서울행정법원은 국세청이 시행해온 부동산 감정평가의 근거 법령인 '상속세 및 증여세법 시행령' 제49조 제1항 단서 규정이 헌법과 법률에 위배되어 무효라고 판결했습니다. 이는 그동안 과세관청의 자의적인 감정평가 관행에 제동을 걸고, 시행령 자체의 위법성을 인정한 최초의 사법적 판단이라는 점에서 조세 실무에 큰 파장을 일으키고 있습니다. 현재는 1심의 판단이므로 향후 상급심에서의 결과에 따라 본 전략의 방향은 수정될 수도 있습니다.

저가 양수도 및 부담부증여를 통한 세 부담 최소화 전략

단순증여는 수증자에게 모든 세금 부담이 집중되는 단점이 있습니다. 그러나 부채를 승계시키거나(부담부증여), 시가보다 낮은 가액으로 매매하는(저가 양수도) 방식을 활용하면, 증여세의 일부를 양도소득세로 전환하거나 합법적인 범위 내에서 증여재산가액 자체를 줄임으로써 전체 세 부담을 최적화할 수 있습니다. 이는 수동적인 재산 평가를 넘어, 거래 구조 자체를 설계하는 능동적인 절세 전략입니다.

(1) 부담부증여 : 부채를 활용한 증여세 분산 전략

부담부증여란 수증자가 증여를 받는 동시에 증여자의 채무(예 : 부동산 담보대출, 전세보증금)를 인수하는 조건의 증여계약을 의미합니다. 이 경우,

세법은 증여재산 전체를 하나의 증여로 보지 않고, 그 성격을 둘로 분리해서 과세합니다.

- 양도(讓渡) 부분 : 수증자가 인수한 채무액에 해당하는 부분은 증여자가 대가를 받고 자산을 유상으로 이전한 것으로 간주해, 증여자에게 양도소득세를 과세합니다.
- 증여(贈與) 부분 : 전체 증여재산가액에서 수증자가 인수한 채무액을 차감한 순자산가액에 대해서만 수증자에게 증여세를 과세합니다.

예를 들어, 시가 10억 원의 아파트에 담보대출 4억 원이 있는 상태에서 자녀에게 부담부증여를 할 경우, 자녀는 채무 4억 원을 제외한 6억 원에 대해서만 증여세를 부담하며, 부모는 채무 4억 원을 양도가액으로 보아 양도소득세를 납부하게 됩니다.

부담부증여는 당장 증여세를 납부할 현금이 부족한 수증자에게 유용한 전략입니다. 특히 증여자의 양도소득세 부담이 수증자의 증여세 감소액보다 적을 때 절세 효과가 극대화됩니다.

- 양도소득세가 낮게 산출되는 경우 : 증여하는 부동산을 장기간 보유해 장기보유특별공제율이 높거나, 1세대 1주택 비과세 요건을 충족하는 경우, 또는 취득가액 자체가 높아 양도차익이 적은 경우에는 부담부증여가 유리합니다.
- 증여세 이월과세 규정의 이해 : 배우자 또는 직계존비속 간의 부담부증여

시, 양도소득세 이월과세 규정을 반드시 검토해야 합니다. 수증자가 해당 부동산을 증여일로부터 10년 이내에 양도할 경우, 취득가액은 수증자가 인수한 가액이 아닌 최초 증여자의 취득가액으로 계산될 수 있습니다. 이는 미래의 양도소득세 폭탄으로 이어질 수 있으므로, 단기 매각 계획이 있다면 신중한 접근이 필요합니다.

사례 **단순증여와 부담부증여의 세 부담 비교**

기본 상황 설정

- 증여 자산 : 상가 건물(부친 소유)
- 시가(증여일 현재) : 10억 원
- 부친의 최초 취득가액 : 3억 원
- 보유 기간 : 10년(양도소득세 장기보유특별공제 20% 적용 가정)
- 증여 대상 : 성인 자녀 1명(10년간 다른 증여 없음)
- 부담부증여 시 인수 채무액 : 해당 상가의 금융기관 담보대출 5억 원

구분	단순증여 시	부담부증여 시
	자녀(증여세)	자녀(증여세)
증여재산가액	10억 원	5억 원 (총자산 10억 원 − 채무 5억 원)
증여재산공제	5,000만 원	5,000만 원
과세표준	9억 5,000만 원	4억 5,000만 원
산출세액 (과표 × 세율 − 누진공제)	(9.5억 × 30%) − 6,000만 = 2억 2,500만 원	(4.5억 × 20%) − 1,000만 = 8,000만 원
신고세액공제(3%)	675만 원	240만 원
자녀 최종 부담 세액	2억 1,825만 원	7,760만 원
		부모(양도소득세 납부)
양도가액(인수 채무액)		5억 원

구분	단순증여 시	부담부증여 시
취득가액(환산)		1억 5,000만 원 (최초 취득가액 3억 원× (5억 원/10억 원))
양도차익		3억 5,000만 원
장기보유특별공제 (20%)		7,000만 원
과세표준		2억 7,750만 원
부모 최종 부담 세액 (지방소득세 포함)		9,406만 원
총 부담 세액	2억 1,825만 원	1억 7,166만 원 (자녀 7,760만 원+부모 9,406만 원)
절세 효과		4,659만 원 절감

(주) 상기 계산은 독자의 이해를 돕기 위한 것이며, 실제 세액은 개별 상황에 따라 달라질 수 있습니다.

단순히 10억 원의 건물을 증여할 경우, 자녀는 약 2억 1,825만 원의 증여세를 부담해야 합니다.

하지만 5억 원의 채무를 포함해 부담부증여를 할 경우, 증여와 양도로 과세 대상이 나뉘게 됩니다. 그 결과 자녀는 5억 원에 대한 증여세 7,760만 원을, 부모는 5억 원에 대한 양도소득세 약 9,406만 원을 부담하게 되어 총 부담 세액은 약 1억 7,166만 원으로 감소합니다.

결론적으로, 부담부증여 전략을 통해 약 4,659만 원의 세금을 절감하는 효과를 얻을 수 있습니다. 이는 증여세의 높은 누진세율 구간을 피하고, 상대적으로 세율이 낮거나 장기보유특별공제가 적용되는 양도소득세로 세금의 일부를 전환했기 때문에 가능한 결과입니다.

(2) 저가 양수도 : 시가와 대가의 차이를 이용한 증여

가족 등 특수관계인 간에 시가보다 낮은 가격으로 부동산을 매매하는 것 또한 합법적인 증여 전략이 될 수 있습니다. 세법은 이러한 거래를 통한 이익 분여를 방지하기 위해 엄격한 기준을 두고 있지만, 역으로 이 기준을 충족하는 범위 내에서는 세금 없이 자산을 이전하는 것이 가능합니다.

특수관계인 간 저가 거래 시, 세법은 매수자(자녀)와 매도자(부모)에게 각기 다른 잣대를 적용합니다.

① 매수자(자녀)의 증여세

시가와 실제 거래가액의 차이가 '시가의 30%'와 '3억 원' 중 적은 금액 이상일 경우에만, 그 차액에서 기준금액을 뺀 금액을 증여받은 것으로 보아 증여세를 과세합니다. 즉, 차액이 이 기준금액 미만이면 증여세가 전혀 발생하지 않습니다.

② 매도자(부모)의 양도소득세

시가와 실제 거래가액의 차이가 '시가의 5%'와 '3억 원' 중 적은 금액 이상일 경우, 세무서가 매도자의 양도차익을 계산할 때 실제 받은 저가 대금이 아닌 '시가'를 양도가액으로 간주해 양도소득세를 재계산합니다. 이를 '부당행위계산의 부인' 규정이라 합니다.

이 두 가지 규정의 차이를 활용하는 것이 저가 양수도 전략의 핵심입니다. 즉, 매도자의 양도소득세는 시가로 재계산되지 않으면서, 매수자의 증여세는 발생하지 않는 최적의 가격 구간을 찾는 것입니다.

사례 시가 12억 원 아파트를 자녀에게 저가 양도하는 경우

① 매수자(자녀)의 증여세 기준

기준금액은 Min[12억 원 × 30%, 3억 원] = 3억 원입니다. 따라서 시가와 대가의 차이가 3억 원 미만, 즉 9억 원을 초과하는 금액으로 매수하면 증여세가 없습니다.

② 매도자(부모)의 양도세 기준

기준금액은 Min[12억 원 × 5%, 3억 원] = 6,000만 원입니다. 시가와 대가의 차이가 6,000만 원 미만이어야 하므로, 11억 4,000만 원을 초과하는 금액으로 매도해야 부당행위계산 부인 규정을 피할 수 있습니다.

이 사례에서 자녀가 증여세 문제를 피하려면 9억 원을 초과해서 매수해야 하고, 부모가 양도소득세 문제를 피하려면 11억 4,000만 원을 초과해서 매도해야 합니다. 따라서 양쪽 모두 세금 문제를 피할 수 있는 가장 낮은 가격은 11억 4,000만 원을 초과하는 금액입니다. 이는 시가 12억 원 대비 약 6,000만 원의 이전을 세금 없이 가능하게 합니다. 또한, 필요에 따라서는 부모의 양도소득세는 좀 더 부담하더라도 자녀의 증여세를 줄이는 형태의 선택도 가능합니다.

저가 양수도 전략이 성공하기 위해 잊지 말아야 할 중요한 전제 조건은 매수자인 자녀가 매매대금에 대한 자금 출처를 명백히 입증해야 한다는 것입니다. 만약 자금 출처를 소명하지 못하면 해당 거래는 매매가 아닌 '증여'로 추정되어, 매매대금 전액에 대해 증여세가 과세될 수 있습니다. 따라서 사전에 소득, 기존 재산, 상속·증여받은 자금 등으로 자금원을 철저히 준비해야 합니다.

양도소득세 이월과세 및 실질과세 리스크 관리

앞서 살펴본 부담부증여 및 저가 양수도 전략은 단기적인 증여세 부담을 줄이는 데 효과적일 수 있으나, 향후 양도소득세 문제와 국세청의 거래 재구성 위험(실질과세 원칙)이라는 두 가지 중요한 리스크를 내포하고 있습니다. 성공적인 절세 전략은 현재의 세금뿐만 아니라 미래에 발생할 세금과 과세관청의 대응까지 예측하고 대비하는 것이어야 합니다.

(1) 양도소득세 이월과세 : 10년의 함정

2023년부터 시행된 개정 세법은 부동산 증여 전략의 판도를 바꾸었습니다. 배우자 또는 직계존비속으로부터 증여받은 부동산을 10년 이내에 양도할 경우, 양도소득세 계산 시 적용되는 취득가액을 증여 당시의 평가액이 아닌 증여자의 최초 취득가액으로 소급 적용하는 '이월과세' 규정이 그것입니다.

이월과세 규정은 저가에 취득한 부동산을 증여를 통해 취득가액을 높여 양도소득세를 회피하는 행위를 방지하기 위함입니다. 2022년까지는 이 기간이 5년이었으나, 2023년 1월 1일 이후 증여분부터 10년으로 대폭 연장되었습니다. 이는 증여받은 부동산의 단기 매각을 통한 조세 회피를 더욱 엄격하게 규제하겠다는 과세당국의 의지를 보여줍니다.

앞선 전략을 통해 증여세를 절감했더라도, 수증자가 10년 이내에 해당 부동산을 처분하면 이월과세가 적용되어 상당한 양도소득세가 발생할 수 있습니다. 절감한 증여세보다 더 큰 양도소득세를 부담하게 되어 오히려 전체 세 부담이 증가하는 결과를 초래할 수 있습니다.

사례 이월과세 적용 시 세 부담 변화

기본 상황 설정
- A씨가 20년 전 2억 원에 취득한 상가(증여 당시 시가 12억 원)를 자녀에게 증여
- 자녀가 3년 후 15억 원에 양도

A씨가 20년 전 2억 원에 취득한 상가(증여 당시 시가 12억 원)를 자녀에게 증여하고, 자녀가 3년 후 15억 원에 양도하는 경우입니다.

① 증여 시

자녀는 증여가액 12억 원에 대한 증여세를 납부합니다.

② 양도 시

이월과세가 적용되어 양도차익 계산 시 취득가액은 증여 당시 시가인 12억 원이 아닌, 최초 증여자인 A씨의 취득가액 2억 원이 됩니다.

- 양도차익 : 15억 원 - 2억 원 = 13억 원

결과적으로, 자녀는 13억 원의 양도차익에 대한 양도소득세를 부담하게 되어, 증여를 통해 취득가액을 높이려던 절세 전략은 상당 부분 무력화됩니다.

따라서 부동산 증여 전략 수립 시, 수증자의 향후 10년 내 매각 계획 여부를 반드시 확인하고, 이월과세 규정을 전제로 전체 세 부담(증여세 + 양도소득세)을 종합적으로 분석해야 합니다.

(2) 실질과세 원칙 : 거래의 본질을 꿰뚫는 국세청의 시선

국세기본법 제14조에 규정된 '실질과세 원칙'은 조세법의 대원칙입니다. 이는 거래의 법적 형식이나 외관과 관계없이 그 경제적 실질 내용에 따라 과세 대상을 파악하고 세법을 적용하는 것을 의미합니다. 특히 조세 회피 목적이 명백하다고 판단될 때 과세관청이 사용하는 강력한 무기입니다.

저가 양수도 전략을 설명하며 언급한 '기준금액(시가의 30%와 3억 원 중 적은 금액)'을 회피하기 위해, 하나의 부동산 지분을 여러 해에 걸쳐 나누어 매매하는, 소위 '쪼개기 거래'를 시도하는 경우가 있습니다.

예를 들어, 시가 20억 원의 부동산을 자녀에게 14억 원에 양도하면 시가와의 차액 6억 원이 기준금액 3억 원을 초과해서 증여세가 과세됩니다. 이를 피하기 위해 올해 지분 50%(시가 10억 원)를 7억 원에, 1년 뒤 나머지 지분 50%(시가 10억 원)를 7억 원에 양도하는 계약을 체결할 수 있습니다. 각 거래는 기준금액을 초과하지 않아 증여세가 없는 것처럼 보입니다.

하지만 과세관청은 이러한 거래를 '하나의 거래를 조세 회피 목적으로 분할한 것'으로 판단할 수 있습니다. 이 경우, 2개의 거래를 합산해 총 6억 원의 이익이 기준금액 3억 원을 초과한 것으로 보아 증여세를 과세할 수 있습니다.

실질과세 원칙에 따른 추징을 피하기 위해서는, 거래를 분할해야만 했던 합리적인 경제적 사유를 납세자가 입증해야 합니다.

- 객관적 증빙 확보 : 자금 사정의 변화, 사업 계획의 변경 등 거래를 나눌 수밖에 없었던 구체적이고 객관적인 증빙 자료를 확보해두어야 합니다.
- 거래 간 시간적 간격 : 거래 간의 시간적 간격이 길수록(최소 1년을 넘어 수년) 별개의 거래로 인정받을 가능성이 커집니다.

결론적으로, 인위적인 거래 설계는 항상 실질과세 원칙의 검증 대상이 될 수 있음을 명심해야 합니다. 단기적인 절세 효과에만 집중해서 거래의 본질을 왜곡하는 것은 장기적으로 더 큰 세무 리스크를 초래할 수 있습니다.

평가심의위원회를 활용한 시가 적용 전략

상증세법은 상속 또는 증여재산의 가치를 평가기준일(상속개시일 또는 증여일)의 '시가'로 평가하는 것을 대원칙으로 합니다. 여기서 시가로 인정되는 가액은 원칙적으로 정해진 '평가 기간' 내의 것이어야 합니다.

- 상속재산의 평가 기간 : 상속개시일 전 6개월부터 후 6개월까지
- 증여재산의 평가 기간 : 증여일 전 6개월부터 후 3개월까지

그러나 세법은 위 원칙적인 평가 기간 내에 적절한 시가가 존재하지 않거나, 해당 기간 외의 거래가액을 시가로 보는 것이 합리적이라고 판단될 경우를 대비해서 예외 규정을 두고 있습니다. 이 예외 규정을 적극적으로 활용하는 것이 '평가심의위원회' 제도를 통해 평가 기간 외의 기간에 발생한 매매·감정 등의 가액을 시가로 인정받는 전략입니다. 이는 시간의 축을 법률적으로 이동시키는 고도의 절세 전략으로서, 시장 상황을 면밀히 분석하는 현명한 납세자에게는 평가액을 합법적으로 관리할 수 있는 특별한 기회를 제공합니다.

(1) 평가심의위원회의 시가 인정 범위 : '과거 2년'과 '미래 결정기한'

평가심의위원회는 납세자 또는 과세관청의 시가로 인정할 수 있는 권한을 가지는데, 그 인정 범위는 다음과 같습니다.

- 소급 적용(기회의 창) : 평가기준일 이전 2년 이내의 기간 중에 발생한 매매·감정·수용·공매가액
- 사후 적용(관리 대상) : 평가기준일 경과 후부터 법정결정기한까지의 기간 중에 발생한 매매·감정·수용·공매가액
  - 증여세 법정결정기한 : 증여세 신고기한 후 6개월
  - 상속세 법정결정기한 : 상속세 신고기한 후 9개월

이 규정은 납세자에게는 과거의 유리한 거래가액을 현재의 시가로 주장할 기회를, 과세관청에게는 신고 이후에 발생한 불리한 거래가액을 근거로 과세할 권한을 부여하는 '양날의 검'으로 작용합니다.

(2) 전략의 성패를 좌우하는 핵심 : '가격 변동의 특별한 사정' 부존재의 입증

평가심의위원회를 통해 기간 외의 가액을 시가로 인정받기 위한 핵심 요건은, '가격 변동의 특별한 사정이 없음'을 신청자가 객관적으로 입증하는 것입니다.

'가격 변동의 특별한 사정'이란, 두 시점(과거 거래일과 현재 평가기준일) 사이에 자산의 가치에 본질적인 영향을 미치는 사건이 발생한 경우를 의미하며, 예를 들어 다음과 같은 경우가 해당됩니다.

- 해당 부동산 인근 지역의 대규모 개발 계획 발표 또는 취소
- 지하철 노선 신설 확정 등 교통 여건의 중대한 변화
- 대규모 리모델링, 재건축 · 재개발 사업의 구체적인 진행
- 기타 부동산 가격에 급격한 영향을 미치는 사회 · 경제적 사건

따라서 과거의 낮은 매매사례가액을 시가로 주장하려는 납세자는 두 시점 간의 공시지가 변동률, 인근 지역의 실거래가 추이, 개발 계획 부존재 등 가격이 안정적이었음을 입증할 수 있는 구체적이고 객관적인 자료를 제시해야 합니다.

(3) 전략적 활용 방안과 위험 분석

평가심의위원회 제도의 활용은 높은 잠재적 이익과 그에 상응하는 위험을 동시에 수반합니다.

① 기회 요인(납세자 측면)

부동산 시장이 침체기이거나 가격 변동이 없는 지역의 부동산을 증여하는 경우, 평가 기간 전 2년 이내에 존재했던 유리한(낮은) 급매매사례 등을 찾아 이를 현재의 시가로 인정받음으로써 증여세 부담을 극적으로 낮출 수 있습니다. 이는 특히 유사매매사례가액을 찾기 어려운 토지나 단독주택 등에서 유용한 전략이 될 수 있습니다.

② 위험 요인(과세관청 측면)

반대의 경우도 성립합니다. 납세자가 유사매매사례가액이 없어 기준

시가로 낮게 신고했으나, 신고기한이 지난 후 법정결정기한 내에 인근 부동산이 불리하게(높게) 거래되었다면, 과세관청이 이를 근거로 평가심의위원회를 개최해서 추징에 나설 수 있습니다. 이 때문에 섣부른 기준시가 신고는 미래의 예측 불가능한 위험에 노출되는 결과로 이어질 수 있습니다.

결론적으로, 평가심의위원회를 활용하는 전략은 단순히 법규를 이용하는 것을 넘어, 시장 상황에 대한 면밀한 분석과 과세관청의 입장을 예측하는 종합적인 의사결정이 요구되는 전문가의 영역입니다. 이는 명확한 법규 적용이라기보다 '심의'를 통해 결정되는 재량적 판단의 성격이 강하므로, 그 결과의 불확실성을 충분히 인지하고 접근해야 합니다.

임대용 부동산 증여의 숨은 지뢰와 해법

부동산 임대 사업을 영위하는 자산가에게 있어 자녀에게 사업용 자산을 증여하는 것은 부의 이전을 위한 중요한 과정입니다. 그러나 많은 분들이 증여세에만 집중한 나머지, 예상치 못한 '부가가치세'라는 암초를 만나 좌초하곤 합니다. 특히 상가나 오피스텔과 같은 상업용 부동산을 증여할 때 발생하는 부가가치세는 그 규모가 상당해 전체 증여 계획을 뒤흔들 수 있는 중대한 리스크입니다. 이 장에서는 임대사업자가 반드시 알아야 할 부가가치세 리스크의 실체와 이를 합법적으로 회피할 수 있는 확실한 해법인 '사업의 포괄양수도' 전략을 검토합니다.

(1) 임대용 부동산 증여의 숨은 지뢰 : 부가가치세

일반적으로 '증여'는 대가 없이 자산을 이전하는 무상 행위이므로, 부가가치세와는 무관하다고 생각하기 쉽습니다. 하지만 과세 사업에 사용되던 자산을 이전하는 경우는 세법의 시각이 전혀 다릅니다. 이 오해에서부터 예상치 못한 자금 마련이라는 리스크가 시작됩니다.

① 왜 상가 증여는 '재화의 공급'인가

부가가치세법은 부동산 임대업을 영위하는 사업자가 사업에 사용하던 건물(상가, 오피스 등)을 자녀에게 증여하는 행위를 '재화의 공급'으로 간주해 부가가치세를 과세합니다. 이는 개인 자격의 증여가 아닌, '사업자'가 '사업용 자산'을 이전하는 행위로 보기 때문입니다.

사업자가 사업을 위해 취득한 자산은 부가가치세 매입세액공제를 통해 이미 세금 혜택을 받았을 수 있습니다. 만약 이러한 자산을 세금 없이 자유롭게 개인적인 용도로 사용하거나 타인에게 이전하도록 허용한다면, 매입세액공제 제도를 악용해 부당한 이득을 취하는 것을 막을 수 없게 됩니다.

따라서 세법은 사업자가 사업용 자산을 대가 없이 이전하는 경우, 마치 사업자가 그 자산을 최종적으로 소비하거나 판매한 것처럼 취급하는 '간주공급' 규정을 두고 있습니다. 상가 건물 증여는 이러한 간주공급 중 '사업상 증여'에 해당하며, 이는 사업의 존속을 전제로 한 마지막 과세 거래로 취급되어 부가가치세 납세 의무를 발생시키는 것입니다.

그렇다면 모든 부동산 증여가 이러한 부가가치세 위험에 노출되는 것일까요? 그렇지 않습니다. 결정적인 차이는 '과세 사업' 여부에 있습니다. 주택 임대 사업은 부가가치세법상 '면세 사업'에 해당합니다. 따라서 주택을 취득하는 과정에서 부가가치세 매입세액공제를 받은 사실이 없고, 매입세액공제 제도를 활용해 부당한 세금 혜택을 얻는 구조 자체가 성립하지 않습니다.

결론적으로, 주택을 증여하는 행위는 부가가치세 과세 대상이 아니므로 세금계산서 발급이나 세금 납부 의무가 전혀 발생하지 않습니다. 이 리스크는 오직 상가, 사무용 오피스텔, 상가주택의 상가 부분 등 부가가치세 '과세 사업'에 사용되는 부동산에만 한정된다는 점을 명확히 이해해야 합니다.

② 시가 기준 과세와 유동성 위기

부가가치세 과세 대상 임대용 부동산 증여 시 부가가치세의 과세표준은 증여 당시 해당 부동산의 '시가'입니다. 여기서 시가란, 장부상 가액이나 공시지가가 아닌, 불특정 다수인 사이에 자유롭게 거래될 경우, 통상적으로 성립된다고 인정되는 가치를 의미합니다. 최근 부동산 가격이 급등한 상황을 고려하면, 이는 납세자가 예상했던 것보다 훨씬 큰 금액일 수 있습니다.

예를 들어, 10년 전 5억 원에 취득한 상가의 현재 시가가 20억 원(건물분 10억 원, 토지분 10억 원)이라면, 부가가치세는 건물분 시가인 10억 원을 기준으로 과세됩니다. 이 경우, 증여자인 부모는 자녀에게 10억 원을 공급가액으로 하는 세금계산서를 발급하고, 그 10%인 1억 원의 부가가치세를 세무서에 납부해야 합니다.

이 과정에서 발생하는 가장 큰 문제는 바로 '자금 압박'입니다. 증여자는 자녀로부터 어떠한 대가도 받지 못했지만, 건물 가액의 10%에 해당하는 세금을 오직 자신의 현금으로 납부해야 합니다. 물론 수증자인 자녀는 이 세금계산서를 바탕으로 해당 부가가치세를 매입세액으로 공제받거나 환급받을 수 있지만, 이는 자녀의 일입니다. 당장 증여자의 입장에서는 생기는 현금은 없는데, 수억 원의 현금을 세금으로 납부해야 하는 유동성 위기에 직면하게 되는 것입니다.

만약 이러한 세금계산서 발급 의무를 이행하지 않을 경우, 본세 추징은 물론 세금계산서 미발급 가산세와 신고·납부 불성실 가산세까지 추가로 부과됩니다.

(2) 해법 : 사업의 포괄양수도

앞서 설명한 부가가치세 폭탄을 피할 수 있는 가장 확실하고 합법적인 방법은 바로 '사업의 포괄양수도' 제도를 활용하는 것입니다. 이는 단순히 부동산이라는 물건을 넘기는 것이 아니라, 임대 사업이라는 '사업체' 자체를 통째로 이전하는 개념입니다.

① 왜 포괄양수도는 '재화의 공급'이 아닌가?

'사업의 포괄양수도'란, 사업장별로 그 사업에 관한 모든 권리(자산, 영업권 등)와 의무(부채 등)를 포괄적으로 승계시키는 것을 말합니다. 부가가치세법은 이러한 포괄양수도를 '재화의 공급'으로 보지 않습니다.

이 제도의 입법 취지는 사업의 실질적인 동일성이 유지된 채 경영 주체만 바뀌는 거래에 대해, 양도인이 부가가치세를 징수해 납부하고 양수인이 동일한 금액을 다시 환급받는 불필요한 행정 절차와 일시적인 자금 부담을 덜어주기 위함입니다. 즉, 과세관청 입장에서 조세 수입의 증감 효과가 없는 거래에 대해 납세자의 편의를 도모해주는 조세 정책적 배려인 셈입니다. 법의 시각은 '형식'이 아닌 '실질'을 따릅니다. 양수도 전후로 사업의 경제적 실체가 완벽하게 동일하다면, 세법은 이를 과세 대상 거래가 아닌, 단순한 경영 주체의 변경으로 인정해주는 것입니다.

② 포괄양수도 성립을 위한 3대 요건

사업의 포괄양수도로 인정받아 부가가치세를 면제받기 위해서는 다음의 세 가지 핵심 요건을 반드시 충족해야 합니다. 어느 하나라도 놓치면 포괄양수도로 인정받을 수 없으므로, 다음의 체크리스트를 통해 꼼꼼히 확인해야 합니다.

요건 1 : 사업장별 모든 권리와 의무의 포괄적 승계

사업과 관련된 모든 자산, 부채, 인력, 계약 관계 등을 빠짐없이 승계해야 합니다. 가장 중요한 것은 기존 '임차인'과 그들의 '임대보증금'을 반드시 양수인이 그대로 승계하는 것입니다. 만약 증여자가 임대보증금을 자신의 자금으로 임차인에게 내주고 공실 상태의 건물만 증여한다면, 이는 사업의 핵심적인 권리·의무가 승계되지 않은 것으로 보아 포괄양수도로 인정받지 못합니다.

사업과 직접적인 관련이 없는 미수금이나 미지급금, 또는 전체 사업 자산에 비해 그 비중이 현저히 낮은 일부 자산을 승계 대상에서 제외하는 것은 예외적으로 허용될 수 있습니다.

요건 2 : 사업의 동일성 유지

양수인은 양도인의 사업과 동일한 사업을 계속해서 영위해야 합니다. 임대 사업을 승계받은 자녀가 해당 부동산을 즉시 면세 사업(예 : 주택 임대)으로 전환하거나, 자신의 다른 사업장(예 : 카페, 개인 사무실)으로 사용한다면 사업의 동일성이 깨진 것으로 봅니다.

다만, 사업의 동일성 여부는 '양수도 시점'을 기준으로 판단합니다. 따라서 양수도 이후 일정 기간이 지나 사업 환경의 변화에 따라 업종을 변경하거나 추가하는 것은 포괄양수도 성립에 영향을 미치지 않습니다.

요건 3 : 과세 유형의 일치

원칙적으로 양도인과 양수인 모두 부가가치세 과세사업자여야 합니다. '일반과세자'인 부모가 '간이과세자'인 자녀에게 사업을 양도하는 경우에는 포괄양수도로 인정되지 않아 부가가치세가 과세됩니다. 자녀가 처음 사업을 시작하며 세금 부담이 적은 간이과세자로 등록하려는 경향이 있는데, 포괄양수도를 계획하고 있다면 반드시 양도인과 동일한 일반과세자로 사업자 등록을 해야 합니다.

③ 실무 절차 가이드

포괄양수도를 성공적으로 실행하기 위한 절차는 다음과 같습니다. 순서와 기한을 지키는 것이 매우 중요합니다.

Step 1 : 계약서 작성

'사업양수도 계약서'라는 별도의 계약서를 작성하거나, 기존 부동산 증여계약서에 '본 계약은 부가가치세법상 사업의 포괄양수도에 해당한다'라는 특약 사항을 명확하게 기재해야 합니다.

Step 2 : 양수인의 사업자 등록

양수인(자녀)은 증여일(통상 잔금일)로부터 20일 이내에 관할 세무서에 방문해 양도인(부모)과 동일한 과세 유형(일반과세자) 및 업종으로 신규 사업자등록을 신청해야 합니다. 이때 사업양수도 계약서 사본을 첨부합니다.

Step 3 : 양도인의 폐업 신고

양도인(부모)은 증여일이 속하는 달의 말일로부터 25일 이내에 부가가치세 확정신고를 해야 합니다. 이때 '사업양도신고서'를 작성해 부가가치세 신고서와 함께 제출하며 폐업 절차를 마무리합니다.

양도인이 포괄양수도 계약 이전에 성급하게 먼저 폐업 신고를 하는 경우가 있습니다. 이런 경우 폐업한 사업자는 더 이상 사업자가 아니므로 사업을 양도할 주체가 사라지게 됩니다. 이 경우, 해당 자산은 '폐업

시 잔존재화'로 간주되어 양도인에게 부가가치세가 그대로 과세되는 결과를 초래하므로 주의가 필요합니다.

(3) 리스크 관리 : 포괄양수도가 부인되는 경우

① 부인 사례 예시

사례 1 **임차인 및 보증금 미승계**

증여를 용이하게 하기 위해 기존 임차인을 내보내고 공실 상태로 건물을 증여하거나, 임대보증금을 부모가 현금으로 정산해준 뒤 건물만 이전하는 경우입니다. 이는 사업의 핵심적 권리·의무가 누락된 것으로 보아 부인됩니다.

사례 2 **양수 후 즉각적인 사업 변경**

임대 사업용 오피스텔을 증여받은 자녀가 임대 사업을 전혀 하지 않고 즉시 인테리어 공사를 해서 본인의 변호사 사무실로 사용하는 경우입니다. 이는 사업의 동일성을 유지하지 못한 명백한 사례입니다.

사례 3 **절차적 순서 위반**

양도인이 양수도 계약일 이전에 먼저 폐업 신고를 해버리는 경우입니다. 이는 절차의 선후 관계를 지키지 않아 발생하는 전형적인 실수입니다.

사례 4 **핵심 자산의 고의적 누락**

여러 층으로 구성된 상가 건물 전체를 하나의 사업장으로 운영하던 사업자가 수익성이 가장 좋은 1층을 제외하고 나머지 층만 자녀에게 증여하는 경우입니다. 이는 사업의 핵심적인 부분이 누락된 것으로 보아 포괄양수도로 인정받기 어렵습니다.

② 대안 전략 : 일부 지분 증여와 공동 사업

부동산 전체를 한 번에 증여하는 것이 부담스럽거나, 포괄양수도의 복잡한 요건을 완벽하게 충족하기 어려운 상황이라면 대안적인 전략을 고려해볼 수 있습니다.

부동산 전체가 아닌 일부 지분(예 : 30%)만을 자녀에게 증여하고, 이후 부모와 자녀가 해당 부동산을 기반으로 '공동사업자'로 등록해 임대 사업을 함께 영위하는 방식입니다. 이 경우, 증여한 지분에 해당하는 부분에 대해서만 부가가치세 및 포괄양수도 이슈를 검토하게 되므로, 리스크를 분산하고 보다 유연하게 증여 계획을 실행할 수 있습니다. 이는 자녀에게 점진적으로 사업을 승계하고 경영 경험을 쌓게 하는 동시에, 세무 리스크를 관리하는 효과적인 중간 단계 전략이 될 수 있습니다.

다주택자의 동거주택 상속공제 요건 충족 전략

상속세 절세 전략을 논할 때, 금융재산 상속공제와 더불어 실무상 가장 유용하게 활용될 수 있는 제도가 바로 '동거주택 상속공제'입니다. 이 제도는 피상속인과 상속인이 장기간 함께 거주한 주택에 대해 최대

6억 원까지 상속재산가액에서 공제해 세 부담을 줄여주는 효과적인 수단입니다. 그러나 많은 임대사업자 자산가들이 이 제도의 핵심 요건을 간과해 절세 기회를 놓치는 경우가 많습니다.

(1) 동거주택 상속공제의 3대 핵심 요건

상속세 및 증여세법 제23조의2에 규정된 동거주택 상속공제를 적용받기 위해서는 다음의 세 가지 요건을 모두 충족해야 합니다.

① 10년 이상 동거

피상속인과 상속인(직계비속 한정, 미성년자였던 기간 제외)이 상속개시일부터 소급해 10년 이상 계속해서 하나의 주택에서 동거해야 합니다.

② 상속인의 무주택

상속인은 상속개시일 현재 무주택자이거나, 피상속인과 공동으로 1세대 1주택을 보유한 자로서 상속개시일 전 10년 이상 피상속인과 동거한 자여야 합니다.

③ 피상속인의 1세대 1주택

피상속인은 상속개시일부터 소급해 10년 이상 계속해서 1세대 1주택자여야 합니다. 여기서 1주택에는 소득세법상 고가주택(시가 12억 원 초과)도 포함됩니다.

임대사업을 영위하는 자산가의 경우, 가장 큰 장애물은 바로 세 번째 요건인 '피상속인의 1세대 1주택'입니다. 상속인이 무주택자이고 10년 이상 계속 동거 요건을 완벽하게 갖추었더라도, 상속개시일 현재 피상속인 명의로 상가주택, 오피스텔 등 주거용으로 사용되는 다른 부동산이 하나라도 있다면 '다주택자'로 분류되어 동거주택 상속공제 적용이 원천적으로 배제됩니다. 또한 소득세법에서 주택 수에 포함하지 않는 장기일반민간임대주택의 경우에도 상속세 및 증여세법에서는 보유 주택 수에 산입합니다.

따라서 많은 자산가가 임대수익을 창출하는 주거용 부동산을 보유하고 있음으로 인해, 자녀와 함께 거주하는 주택에 대한 상속공제 혜택을 받지 못하는 상황에 처하게 됩니다.

(2) 해결 전략 : 상속개시 전 '1세대 1주택' 자격 확보

결론적으로 다주택자가 동거주택 상속공제를 적용받기 위한 유일한 해법은 '상속개시일 10년 이전에 다른 주거용 부동산을 처분해 1세대 1주택 요건을 갖추는 것'입니다. 이를 위한 구체적인 실행 방안은 다음과 같습니다.

① 전략 1 : 비동거주택의 사전 매각

가장 직접적인 방법입니다. 동거주택 외의 오피스텔, 별도 세대 주택 등을 상속개시일 전에 양도해서 현금화하는 전략입니다. 이 경우 양도소득세가 발생하지만, 동거주택 상속공제를 통해 절감되는 상속세와 비교해 유불리를 판단해야 합니다.

② 전략 2 : 다른 자녀에게 사전 증여

동거하지 않는 다른 자녀나 배우자에게 비동거주택 등을 사전 증여해 피상속인의 주택 수를 줄이는 방법입니다. 이 경우 증여세가 발생하지만, 이 역시 상속세 절감액과 비교해서 의사결정이 필요합니다. 특히 증여 후 10년(상속인) 또는 5년(상속인 외의 자)이 경과하면 해당 증여재산은 상속세 과세가액에 합산되지 않으므로, 건강할 때 미리 실행하는 것도 고려할 만합니다.

더 내고, 더 아끼는 손자녀 명의 취득 전략

평균 수명이 길어지고 자녀 세대 역시 안정적인 경제 기반을 갖추게 되면서, 조부모 세대의 관심은 자연스럽게 손자녀에게로 향하고 있습니다. 자녀를 거치지 않고 손자녀에게 직접 재산을 증여하는 '세대생략 증여'는 단순히 한 세대를 건너뛰는 행위를 넘어, 두 번의 증여세와 취득세를 한 번으로 줄이고, 상속세 리스크를 관리할 수 있는 고도의 절세 전략입니다.

세대생략 증여는 부동산 자산의 이전에서만 사용되는 방법은 아니나 다른 자산보다 부동산의 비중이 월등히 높은 우리나라의 조부모 세대 자산 구조를 감안해 설명하고자 합니다.

여기에서는 세대생략 증여의 핵심 원리와 구체적인 실행 방법, 그리고 '부담부증여'와의 결합을 통해 절세 효과를 극대화하는 전략을 공개합니다.

(1) 할증과세의 역설 : 왜 더 내고 더 아끼는가

세대생략 증여를 처음 접하게 되면 '할증과세'라는 단어에 거부감을 느낄 수 있습니다. 세금을 더 낸다는데 어떻게 절세가 된다는 것인지 의아할 것입니다. 그러나 이 할증과세의 본질을 이해하는 순간, 역설적으로 절세의 문이 열립니다.

현행 상속세 및 증여세법은 조부모가 자녀 세대를 건너뛰고 손자녀에게 재산을 증여하는 경우, 정상적으로 계산된 증여세 산출세액에 30%를 추가로 가산해 과세하도록 규정하고 있습니다. 이를 '세대생략 할증과세'라고 합니다. 만약 증여받는 손자녀가 미성년자이고 증여재산가액이 20억 원을 초과하면, 할증률은 40%로 더욱 높아집니다.

이러한 할증 규정은 조부모 → 부모 → 손자녀로 이어지는 정상적인 부의 이전 과정에서 두 번 과세될 증여세가, 조부모 → 손자녀로의 직접 증여를 통해 한 번만 과세되는 데 따른 세수 결손을 보전하기 위한 장치입니다. 겉보기에는 명백한 페널티처럼 보이지만, 실제 세금 계산 구조를 들여다보면 이야기는 달라집니다.

구분	순차 증여 (조부모 → 부모 → 손자녀)	세대생략 증여 (조부모 → 손자녀)
1차 증여	(조부모 → 부모)	(조부모 → 손자녀)
증여재산가액	10억 원	10억 원
증여재산공제	5,000만 원(성인 자녀)	5,000만 원(성인 손자녀)
과세표준	9억 5,000만 원	9억 5,000만 원
세율	30%(누진공제 6,000만 원)	30%(누진공제 6,000만 원)
산출세액	2억 2,500만 원	2억 2,500만 원
세대생략 할증	-	6,750만 원 (225,000,000 × 30%)
1차 증여세	2억 2,500만 원	2억 9,250만 원
취득세(4%)	4,000만 원	4,000만 원
2차 증여	(부모 → 손자녀)	-
증여재산가액	10억 원	-
증여재산공제	5,000만 원(성인 자녀)	-
과세표준	9억 5,000만 원	-
세율	30%(누진공제 6,000만 원)	-
산출세액	2억 2,500만 원	-
2차 증여세	2억 2,500만 원	-
취득세(4%)	4,000만 원	-
총 세 부담	5억 3,000만 원	3억 3,250만 원
절세 효과		1억 9,750만 원

(주) 신고세액공제 등은 계산 편의상 생략함. 취득세는 증여 취득세율을 가정함.

위 표에서 보듯, 10억 원의 자산을 순차적으로 증여하면 약 5억 3,000만 원의 세금이 발생하지만, 세대생략 증여를 활용하면 약 3억 3,000만 원으로 대략 2억 원의 세금을 절약할 수 있습니다. 이것이 할

증과세의 역설입니다.

(2) 5년의 상속재산 합산 기간 활용 전략

세대생략 증여의 또 다른 강력한 장점은 상속세와 연계된 '사전증여 재산 합산 기간'에 있습니다. 피상속인이 사망할 경우, 상속세를 계산할 때 과거에 미리 증여한 재산을 상속재산에 다시 합산해서 정산하는데, 이를 통해 상속세율의 높은 구간이 적용됨에 따라 상속세가 늘어나는 효과가 있습니다. 그러나 이때 합산 기간 적용은 누구에게 증여했느냐에 따라 달라집니다.

- 상속인(자녀, 배우자 등)에게 증여한 경우 : 상속개시일 전 10년 이내에 증여한 재산이 합산됩니다.
- 상속인 이외의 자(손자녀, 며느리 등)에게 증여한 경우 : 상속개시일 전 5년 이내에 증여한 재산만 합산됩니다.

이 5년의 차이는 특히 고령의 자산가에게는 결정적인 전략적 우위를 제공합니다. 80대의 조부가 자녀에게 증여할 경우, 10년이라는 기간은 상속세 합산 리스크를 피하기에 매우 긴 시간일 수 있습니다. 하지만 손자녀에게 증여한다면 5년만 건강하게 생존하면 해당 증여재산은 상속세 과세 대상에서 완전히 벗어나게 됩니다. 이는 단순한 시간 차이를 넘어, 상속 계획의 불확실성을 줄여주는 '리스크 관리'의 도구가 될 수 있습니다.

금융자산 상속 · 증여 전략

추정상속재산 리스크 관리

현금과 예금은 상속재산 중 가장 관리하기 용이하면서도, 동시에 위험한 자산이 될 수 있습니다. 특히 피상속인의 사망 직전에 거액의 현금이 인출되거나 계좌가 정리되는 과정에서 발생하는 '추정상속재산'과 '차명계좌' 리스크는 많은 상속인들을 세무조사와 가산세의 늪에 빠뜨리는 주범입니다. 여기에서는 국세청의 감시망을 이해하고, 현금성 자산과 관련된 세무 리스크를 사전에 관리하는 실질적인 전략을 제시합니다.

(1) 추정상속재산의 개념

'추정상속재산'이란 피상속인이 사망하기 직전(상속개시일 전 1년 이내 또는 2년 이내)에 자신의 재산을 처분하거나 예금계좌에서 현금을 인출한 금액 중, 그 돈을 어디에 사용했는지 객관적으로 명백하게 밝히지 못하는 금액을 상속인이 상속받은 것으로 '추정'해 상속세를 과세하는 제도입니다.

이 제도의 무서운 점은 '입증 책임의 전환'에 있습니다. 통상적인 과세는 '세금을 부과하려면 과세관청이 근거를 대라'라는 원칙이 적용되지만, 추정상속재산 규정이 적용되면 '세금을 안 내려면 납세자인 당신이 돈의 사용처를 입증하라'로 입증 책임이 상속인에게 넘어옵니다. 상속인들이 고인이 된 피상속인의 모든 금융 거래 내역과 그 용도를 사후에 완벽하게 재구성해 입증하기란 현실적으로 매우 어렵기 때문에, 이는 국세청 입장에서 상당히 효과적인 과세 수단이 됩니다.

모든 인출액이 이 규정의 적용을 받는 것은 아닙니다. 국세청은 일정 금액 이상의 거래에 대해서만 사용처 소명을 요구하는데, 추정상속재산 규정은 다음의 기준금액을 재산 종류별로 각각 구분해서 판단합니다.

- 상속개시일 전 1년 이내에 재산 종류별로 2억 원 이상
- 상속개시일 전 2년 이내에 재산 종류별로 5억 원 이상

여기서 '재산 종류'는 크게 세 가지로 구분됩니다.

- 현금·예금 및 유가증권
- 부동산 및 부동산에 관한 권리
- 기타자산

예를 들어, 피상속인이 사망하기 8개월 전에 예금계좌에서 1억 5,000만 원을 인출하고, 동시에 보유하던 상가를 매각해서 1억 5,000만 원의 현금을 수령했다고 가정해봅시다. 인출 및 처분한 금액의 총합은 3억 원으로 1년 내 기준금액인 2억 원을 초과하지만, '예금'은 ①번 그룹, '상가(부동산)'는 ②번 그룹에 속하므로 각각의 그룹별 금액은 2억 원에 미달합니다. 따라서 이 경우에는 추정상속재산 규정이 적용되지 않아 사용처를 소명할 의무가 없습니다.

하지만 만약 예금계좌에서 1억 5,000만 원을 인출하고, 보유하던 상장 주식을 매각해 1억 원의 현금을 수령했다면 상황은 달라집니다. '예금'과 '주식'은 모두 ①번 그룹(현금·예금 및 유가증권)에 속하므로, 합산 금액 2억 5,000만 원이 1년 내 기준금액 2억 원을 초과하게 됩니다. 이 경우, 상속인은 2억 5,000만 원 전액의 사용처를 국세청에 입증해야 하는 의무를 부담하게 됩니다.

따라서 고령의 자산가들은 사망이 임박한 시점에 자금을 운용할 때, 단순히 총액만 관리할 것이 아니라 어떤 '종류'의 자산을 인출하고 처분하는지를 전략적으로 고려해야만 예상치 못한 세무조사 리스크를 최소화할 수 있습니다.

(2) 추정상속재산에 대한 과세

만약 사용처를 입증하지 못했다고 해도 다행히 그 미소명 금액 전액이 상속재산에 가산되는 것은 아닙니다. 상증세법은 사회통념상 용처를 일일이 기억하거나 증빙을 갖추기 어려운 소액 지출 등을 감안해서, 미소명 금액에서 일정액을 차감해주는 규정을 두고 있습니다. 추정상속재산으로 과세되는 금액은 다음과 같이 계산됩니다.

> 추정상속재산 과세가액 = 미소명 금액 − Min(처분재산가액 또는 인출금액의 20%,
> 2억 원)

사례 **상속개시 2년 내 거액 인출과 추정상속세 계산**

고령의 김영희 여사는 지병이 악화되어 2025년 8월 1일 유명을 달리했습니다. 상속인인 아들이 유산을 정리하던 중, 상속개시일로부터 1년 6개월 전인 2024년 2월 1일, 김 여사의 계좌에서 현금 7억 원이 인출된 사실을 발견했습니다.

상속인은 상속세 신고 과정에서 자금의 사용처를 추적했고, 그 결과는 다음과 같습니다.

① 사용처가 소명된 금액 : 5억 원

김 여사가 오랜 지인에게 빌려줬던 대여금을 현금으로 상환받은 뒤, 이를 다시 아들에게 사업 자금으로 증여한 것으로 확인되었습니다(관련 증빙 : 지인의 채무상환확인서, 아들 명의 계좌이체 기록 등).

② 사용처 미소명 금액 : 2억 원

나머지 2억 원에 대해서는 상속인이 백방으로 수소문했으나, 김 여사가 어디에 사용했는지 객관적인 증빙을 전혀 찾을 수 없었습니다.

추정상속재산 과세가액의 계산

이 경우, 상속개시일 전 2년 이내에 처분한 재산으로 용도가 객관적으로 명백하지 아니한 경우에 해당하므로 상속세 및 증여세법 제15조에 따른 추정상속 규정이 적용됩니다.

① 추정상속 규정 적용 여부 판단

- 인출 시점 : 상속개시일 전 1년 6개월(2년 이내)
- 인출 금액 : 7억 원(기준금액 5억 원 초과)
- 판단 : 추정상속 규정 적용 대상에 해당합니다.

② 추정상속재산에서 제외되는 금액 계산

- 관련 법규에 따라, 미소명 금액 전액이 아닌 일부를 과세 대상에서 제외해줍니다. 그 기준은 '총인출금액의 20%'와 '2억 원' 중 적은 금액입니다.
- 총인출액의 20% : 7억 원×20% = 1억 4,000만 원
- 기준금액 : 2억 원
- 차감될 금액 : Min(1억 4,000만 원, 2억 원) = 1억 4,000만 원

③ 최종 과세될 추정상속재산가액

- 상속재산가액에 가산될 금액 = 미소명 금액 – 차감액
- 2억 원 – 1억 4,000만 원 = 6,000만 원

상속인은 사용처를 밝히지 못한 2억 원 전액에 대해 상속세를 부담할 것을 우려했으나, 실제로는 법에서 정한 공제 규정에 따라 6,000만 원만 상속재산에 가산되었습니다. 이 사례는 추정상속재산 규정이 단순히 징벌적으로 작용하는 것이 아니라, 사회통념상 인정될 수 있는 일정 금액을 공제해주는 최소한의 안전장치는 포함하고 있음을 보여줍니다.

이러한 추정상속 리스크에 대한 최선의 방어 전략은 '객관적 증빙'을 평소에 철저히 확보하는 것입니다. 국세청은 상속인의 "병원비로 드렸다", "생활비로 쓰셨다"와 같은 '주장'이나 '진술'을 신뢰하지 않습니다. 오직 제삼자에 의해 객관적으로 확인 가능한 서류만이 효력을 가집니다.

- 인정되는 증빙 : 병원비·약제비 영수증, 신용카드 사용내역, 계좌이체 기록, 공과금 납부 영수증, 부동산 매매계약서 및 세금계산서, 채무 변제 시 채권자가 발행한 영수증 또는 금융기관의 상환확인서 등
- 인정되지 않는 증빙 : 간이영수증, 개인 간에 작성한 차용증(이자 지급 내역 등 객관적 증빙이 없는 경우), 자녀나 배우자에게 생활비 명목으로 현금을 인출해서 전달한 경우(별도의 사전증여로 간주될 위험)

특히 피상속인이 고령이거나 건강이 악화되는 시점부터는, 가족들이 모든 금융 거래에 대해 '언제, 누가, 누구에게, 왜, 얼마를, 어떻게' 지급했는지를 증빙 서류와 함께 꼼꼼하게 파일링해두는 습관을 들이는 것이 중요합니다. 이는 사후에 발생할 수 있는 수억 원의 세금 분쟁을 막는 효과적인 방법입니다.

'차명계좌'의 증여추정 리스크 관리

자산가들 중 일부는 금융소득 종합과세를 회피하거나 자금 출처를 숨길 목적으로 배우자, 자녀, 심지어 친인척이나 지인의 명의를 빌려 금융계좌를 운용하는 '차명계좌'를 활용하기도 합니다. 그러나 이는 절세 수단이 아니라 국세청의 과세 표적이 되는 지름길입니다.

금융실명거래 및 비밀보장에 관한 법률에 따라 실명이 확인된 계좌에 들어 있는 재산은 그 '명의자'의 소유로 법률상 '추정'됩니다. 상증세법은 이 원칙을 차용해서, 타인 명의의 계좌에 자금을 입금하는 그 순간, 돈의 실제 소유자(신탁자)가 계좌 명의자(수탁자)에게 해당 금액을 '증여'한 것으로 추정해서 증여세를 과세합니다.

이러한 '증여추정'을 깨뜨리고 증여세를 피하려면, 해당 계좌가 명의만 빌린 차명계좌일 뿐이며, 돈의 실질적인 지배·관리 권한이 전적으로 돈의 주인에게 있었다는 사실을 납세자가 입증해야 합니다. 그러나 과거의 조세심판례를 분석해보면, 납세자가 이 입증에 성공해 과세 처분을 뒤집기는 쉽지 않습니다.

법원과 조세심판원이 '실질적 지배·관리'를 인정하는 기준은 엄격합니다. 단순히 "명의만 빌려줬을 뿐 실제 주인은 나다"라는 주장만으로는 부족합니다. 계좌 개설부터 통장, 도장, OTP카드 등 접근 매체의 보관, 모든 입출금 및 투자 결정 권한 행사 등 계좌와 관련된 모든 행위를 돈의 실소유주가 완벽하게 통제했다는 증거를 제시해야 합니다.

[차명계좌 심판례]

사건 개요	납세자 주장	과세관청 주장	핵심 쟁점 및 판결
사례 1(패소) 남편이 본인 사업 자금을 전업주부인 아내 명의 계좌에 입금해서 관리	아내는 명의만 빌려줬을 뿐, 모든 자금은 남편 소유의 사업 자금이다.	금융실명법상 명의자 소유로 추정되며, 입금 시점에 증여가 이루어졌다.	기각(과세 정당) 아내가 해당 계좌에서 생활비를 인출해 사용하는 등 일부라도 계좌 관리에 관여한 사실이 있다면, 남편의 '완벽한 통제'로 볼 수 없다. 부부 공동 재산 또는 증여로 봄이 타당하다.
사례 2(일부 인용) 피상속인 계좌에서 자녀 계좌로 거액 이체 후, 일부는 피상속인 병원비로 지출	이체된 자금은 모두 피상속인의 재산을 잠시 보관한 차명 관리 자금이다.	자녀 계좌로 이체된 시점에 전액 증여된 것이다.	일부 인용 자녀 계좌에서 피상속인의 병원비로 직접 지출된 내역이 객관적 증빙(영수증 등)으로 확인되는 부분은 증여로 보지 않는다. 그러나 나머지 사용처 불분명 금액은 증여로 과세함이 타당하다.
사례 3(인용) 기업 오너가 직원 명의로 주식 계좌를 개설해서 운용	직원은 명의만 대여했으며, 계좌 개설, 주식 매매 주문, 자금 인출 등 모든 행위를 오너가 직접 수행했다.	직원 명의 계좌이므로 직원에게 증여된 것이다.	인용(과세 취소) 계좌의 통장, 보안카드, 공인인증서 등을 모두 오너가 보관했고, 직원은 계좌의 존재나 거래 내역을 전혀 몰랐으며, 모든 거래가 오너의 지시에 의해 이루어졌음이 명백히 입증될 경우, 예외적으로 차명계좌로 인정될 수 있다.

앞의 심판례에서 보듯, 차명계좌임을 인정받기 위한 입증의 난도는 대단히 높습니다. 특히 가족 간의 차명계좌는 재산의 공동 관리나 생활비 지원 등 목적이 혼재되어 있어 '완벽한 통제'를 입증하기가 더욱 어렵습니다. 결국 차명계좌는 5년 이하의 징역 또는 5,000만 원 이하의 벌금이라는 형사처벌 대상이 될 수 있을 뿐만 아니라, 수십 퍼센트에 달하는 증여세와 가산세 폭탄을 맞는 가장 확실한 길임을 명심해야 합니다.

금융재산 상속공제 활용 전략

부동산 등 다른 자산과 달리, 현금과 예금은 상속 시 특별한 공제 혜택을 받을 수 있습니다. 바로 '금융재산 상속공제'입니다. 이 제도는 부동산의 경우, 시가보다 낮은 공시가격 등으로 평가될 여지가 있는 반면, 금융재산은 그 가액이 100% 명확하게 노출되어 상대적으로 세 부담이 불리할 수 있다는 점을 보완해주기 위해 도입되었습니다.

공제액은 상속재산에 포함된 '순금융재산가액'을 기준으로 계산되며, 최대 2억 원까지 공제받을 수 있습니다. 여기서 '순금융재산가액'이란, 상속재산에 포함된 전체 금융자산 가액에서 피상속인이 금융기관에 부담하고 있던 채무(금융채무)를 차감한 금액을 말합니다.

[금융자산 상속공제액 계산 방법]

순금융재산가액	공제액 계산
2,000만 원 이하	순금융재산가액 전액
2,000만 원 초과 ~ 1억 원 이하	MAX(순금융재산가액 × 20%, 2,000만 원)
1억 원 초과 ~ 10억 원 이하	순금융재산가액 × 20%
10억 원 초과	2억 원(한도)

이 공제 제도를 100% 활용하기 위한 중요한 전략 포인트는 공제 대상에서 제외되는 자산을 정확히 파악하는 것입니다. 다음의 자산들은 금융재산임에도 불구하고, 상속공제 대상에서 제외되므로 주의가 필요합니다.

- 현금 및 자기앞수표 : 금고에 보관 중인 현금이나 은행에서 발행한 자기앞수표는 공제 대상이 아닙니다.
- 최대주주 또는 최대출자자 보유 주식 : 피상속인이 회사의 최대주주(특수관계인 포함)로서 보유하고 있던 주식이나 출자지분은 배제합니다.
- 신고하지 않은 타인 명의 금융재산 : 상속세 신고기한까지 신고하지 않은 차명계좌의 재산은 공제받을 수 없습니다.

이러한 제외 규정은 중요한 절세 전략을 시사합니다. 상속개시가 임박한 상황에서 피상속인이 비공제 대상 자산을 보유하고 있다면, 이를 그대로 상속시키는 것보다는 공제 대상인 은행 예금, 펀드, 상장 주식(최대주주 지분 제외) 등으로 전환하는 간단한 행위만으로도 상속세를 절감할 수 있습니다.

생명보험을 이용한 상속세 재원 마련 전략

보험은 단순히 위험을 대비하는 금융상품을 넘어, 정교한 설계를 통해 상속세·증여세를 효과적으로 납부할 수 있는 좋은 도구입니다. 특히 상속 과정에서 발생하는 현실적인 문제를 해결하는 데 중요한 역할을 할 수 있습니다. 즉, '자산은 많지만 현금이 부족한' 상속인에게 유동성을 공급하는 핵심적인 재원 마련 수단이 될 수 있는 것입니다.

여기에서는 보험 계약의 핵심 요소인 계약자, 피보험자, 수익자의 관계를 어떻게 설정하느냐에 따라 과세 여부와 그 결과가 어떻게 달라지는지를 살펴보고, 이를 통해 상속 재원 마련 전략에 실질적인 도움을 주고자 합니다.

(1) 보험과 세금의 기본 원리 : 민법과 세법의 시각차

보험금을 둘러싼 오해는 민법상 권리와 세법상 의무의 차이에서 발생합니다. 이 둘의 시각차를 명확히 이해하는 것이 보험을 통한 절세 전략의 첫걸음입니다.

민법의 관점에서 보험금은 상속재산이 아닌 '수익자의 고유재산'으로 봅니다. 최근 대법원은 상속형 즉시연금보험의 사망보험금 역시 수익자인 상속인의 고유재산에 해당한다고 판시하며 이 원칙을 재확인했습니다. 이는 상속인이 상속을 포기하더라도 보험금은 수령할 수 있다는 의미입니다. 법적으로 피상속인의 재산 목록에 포함되지 않기 때문에, 피상속인의 채권자들이 해당 보험금에 대해 권리를 주장할 수도 없습니다.

그러나 세법의 관점은 전혀 다릅니다. 상증세법은 '실질과세의 원칙'에 따라 보험금의 경제적 원천을 따집니다. 만약 피상속인이 생전에 보험료를 실질적으로 납부했다면, 그 사망으로 인해 지급되는 보험금은 상속재산으로 '간주'해서 상속세 과세가액에 포함합니다. 즉, 계약서상의 명목 계약자가 자녀로 되어 있더라도, 그 보험료의 출처가 부모임이 밝혀지면 국세청은 부모가 납부한 것으로 보아 상속세를 과세합니다.

이러한 민법과 세법의 시각차는 '권리와 의무의 함정'을 만듭니다. 대법원 판결 기사만 접한 상속인은 보험금이 세금과 무관하다고 생각하기 쉽지만, 이는 재산을 수령할 '권리'에 대한 판단일 뿐입니다. 세법은 그 재산의 형성 과정에 대한 '의무'를 별개로 따지기 때문에, 피상속인이 보험료를 냈다면 세금은 피할 수 없습니다. 따라서 성공적인 보험 절세 전략의 핵심은 계약 관계의 형식뿐만 아니라, 보험료 납부라는 경제적 실질을 원하는 세금 결과에 맞춰 설계하는 데 있습니다.

(2) 계약 관계에 따른 과세 시나리오 분석(상속세 vs. 증여세)

보험 계약에서 계약자·피보험자·수익자를 누구로 지정하고, 실제 보험료는 누가 납부하는지에 따라 상속세가 과세될 수도, 증여세가 과세될 수도, 혹은 비과세될 수도 있습니다. 각 시나리오를 분석해서 과세 방법의 차이를 보겠습니다.

① 시나리오 1 : 상속세 과세(가장 일반적인 경우)

- 구조 : 계약자 = 피상속인, 피보험자 = 피상속인, 수익자 = 상속인
- 분석 : 아버지가 본인을 계약자 및 피보험자로 하고, 자녀를 수익자로 지정해 보험료를 납부하는 가장 일반적인 형태입니다. 이 경우, 아버지가 사망하면 자녀가 받는 사망보험금은 아버지가 남긴 재산으로 간주되어 상속세 과세 대상이 됩니다.

② 시나리오 2 : 상속세 비과세(최적의 절세 전략)

- 구조 : 계약자 = 상속인, 피보험자 = 피상속인, 수익자 = 상속인
- 분석 : 자녀가 소득을 통해 번 돈으로 직접 아버지를 피보험자로 하는 보험에 가입하고, 본인을 계약자 및 수익자로 지정하는 구조입니다. 이 경우, 아버지가 사망해서 자녀가 보험금을 수령하더라도, 이는 자녀가 자신의 재원으로 가입한 보험에서 발생한 것이므로 아버지로부터 상속받은 재산으로 보지 않습니다. 따라서 상속세가 과세되지 않습니다.
- 핵심 조건 : 이 전략의 성패는 '자녀의 실질적인 보험료 납부 능력'을 입증하는 데 달려 있습니다. 국세청의 소명 요구에 대비해서 자녀의 근로소득, 사업소득 등 명확한 소득 자료를 확보해야 합니다. 만약 자녀의 소득이 불충분하다면, 부모가 사전에 증여세 공제 한도 내에서 자녀에게 현금을 증여하고 신고한 뒤, 그 자금으로 보험료를 납부하게 하는 방법도 있습니다. 더 나아가, 부모가 자녀에게 수익형 부동산 등을 증여해 자녀가 그 임대소득으로 보험료를 납부하게 한다면, 이는 누구도 부인할 수 없는 완벽한 자금 출처 증빙이 됩니다.

③ 시나리오 3 : 증여세 과세(예상치 못한 결과)

- 구조 : 계약자 = 부(父), 피보험자=모(母), 수익자 = 자녀

- 분석 : 아버지가 보험료를 납부하고, 어머니를 피보험자로, 자녀를 수익자로 지정한 경우입니다. 이때 어머니가 사망하면 자녀가 보험금을 받게 됩니다. 이 보험금은 어머니가 보험료를 낸 것이 아니므로 상속재산이 아니며, 아버지는 생존해 있으므로 상속이 아닙니다. 세법은 이를 '아버지가 어머니의 사망이라는 사건을 계기로 자녀에게 재산을 증여한 것'으로 봅니다. 따라서 자녀는 수령한 보험금 전액에 대해 아버지로부터 증여받은 것으로 보아 증여세를 납부해야 합니다.

이러한 복잡한 관계를 한눈에 파악할 수 있도록 다음의 표로 정리했습니다.

[보험계약 구조에 따른 부담 세목]

	계약자	피보험자	수익자	실질보험료 납부자	과세 유형
시나리오 1	부(父)	부(父)	자(子)	부(父)	상속세
시나리오 2	자(子)	부(父)	자(子)	자(子)	상속, 증여 미해당
시나리오 3	부(父)	모(母)	자(子)	부(父)	증여세

(3) 생명보험을 이용한 상속세 재원 마련 전략

한국의 자산가들은 재산의 상당 부분을 부동산으로 보유하고 있어 현금 유동성이 부족한 경우가 많습니다. 상속세는 상속개시일로부터 6개월 이내에 현금으로 납부해야 하는 원칙 때문에, 갑작스러운 상속이 발생하면 상속세를 내기 위해 보유 부동산을 급매물로 내놓아야 하는

상황에 처할 수 있습니다. 이는 제값을 받지 못하고 자산을 처분하게 되는 손실로 이어질 수 있습니다.

종신보험의 사망보험금은 피상속인 사망 시 즉시 현금으로 지급되므로, 상속인들은 이 자금을 활용해 상속세를 안정적으로 납부할 수 있습니다. 이는 상속재산을 헐값에 매각하는 것을 방지하고, 상속인 간 상속재산 분할 다툼을 줄이는 효과도 가져옵니다. 최근 보험사들은 이러한 수요에 맞춰, 유지 기간에 따라 사망보험금이 증액되는 '보장증액보너스' 기능이나, 특정 조건 충족 시 사망 전에 보험금 일부를 미리 수령할 수 있는 '보험금 부분전환 서비스' 등을 탑재한 상속 특화 종신보험 상품들을 출시하고 있어 활용도가 더욱 높아지고 있습니다.

이러한 활용은 개인의 상속세 납부에만 적용되는 것이 아니고, 법인 주주의 상속세 납부 재원 마련에도 적용할 수 있습니다. 법인이 계약자로서 보험료를 납부하고, 최고경영자 사망 시 사망보험금의 수익자 역시 법인으로 지정하는 것입니다.

① 보험료 처리

납입하는 보험료는 비용(손비)이 아니라 자산으로 처리됩니다. 따라서 각 사업연도의 소득금액 계산 시 손금에 산입되지 않습니다(손금불산입). 이는 보험료 납입이 비용의 지출이 아닌, 보험계약에 따른 권리(자산)를 취득하는 과정으로 보기 때문입니다. 회계상으로는 '장기금융상품' 등의 자산 계정으로 기록됩니다.

② 보험금 수령 시

최고경영자 사망으로 법인이 보험금을 수령하면 해당 보험금 전액은 익금(수익)으로 산입됩니다. 동시에, 그동안 자산으로 처리했던 보험료 누계액 전액이 손금(비용)으로 산입됩니다. 결과적으로 (사망보험금 – 총납입보험료)에 해당하는 순수한 보험 차익에 대해서만 법인세가 과세되는 효과가 있습니다.

③ 보험금 활용

법인에 남게 된 사망보험금은 배당이나 급여 등의 형태로 최고경영자의 사후 상속세 납부의 재원으로 활용할 수 있습니다.

연금보험의 상속

연금 자산의 상속은 그 종류가 공적연금인지, 사적연금인지에 따라 과세 방식이 달라지므로 명확한 구분이 필요합니다.

첫째, 공적연금(국민연금, 공무원연금 등)입니다.

국민연금법이나 공무원연금법 등에 따라 지급되는 유족연금, 반환일시금 등은 피상속인의 재산이라기보다는 유족의 생활 보장을 위한 사회보장적 성격이 강한 급여로 봅니다. 따라서 이는 상속재산에 포함되지 않아 상속세가 과세되지 않습니다.

둘째, 사적연금(연금저축, 개인형퇴직연금(IRP) 등)입니다.

개인이 금융회사에 가입한 연금저축, IRP 등은 명백한 개인의 금융 자산이므로 상속재산에 포함되어 상속세 과세 대상이 됩니다.

사적연금의 상속재산가액 평가는 단순히 계좌 잔액으로 결정되지 않습니다. 상증세법은 정기적으로 지급받을 권리(정기금)에 대해 미래에 받을 총연금액을 현재가치로 할인해서 평가하도록 규정하고 있습니다. 이때 법에서 정한 할인율(현행 3%)을 적용한 '정기금 평가액'과 당장 해지했을 때 받을 수 있는 '해약환급금' 중 더 큰 금액을 상속재산가액으로 봅니다.

상속세를 납부한 이후 사적연금을 상속받을 때 상속인은 다시 선택의 기로에 놓입니다.

(1) 선택 1 : 배우자의 계좌 승계(소득과 세금 이연 전략)

피상속인 사망 후 6개월 이내에 배우자는 피상속인의 연금계좌를 자신의 명의로 그대로 승계할 수 있습니다. 이는 연금을 인출하는 것이 아니므로 당장의 세금 부담이 없습니다. 배우자는 승계받은 계좌를 계속 운용하며 자산을 증식시키고, 향후 본인이 연금으로 수령할 때 낮은 세율의 연금소득세(3.3~5.5%)를 납부하면 됩니다. 이는 과세를 미래로 이연시키는 효과적인 전략입니다.

(2) 선택 2 : 상속인의 일시금 수령(저율 과세 활용)

배우자가 승계를 원치 않거나 자녀 등 다른 상속인이 연금을 받는 경우, 연금계좌는 해지되어 일시금으로 지급됩니다. 이때 피상속인의 사망은 법령상 '부득이한 사유'로 인정됩니다. 따라서 상속세와 소득세가 동시에 발생하는 이중 부담을 완화하기 위해, 16.5%의 높은 기타소득세가 아닌 3.3~5.5%의 낮은 연금소득세(분리과세)만 납부하도록 해서 세금 부담을 최소화하고 있습니다.

여기서 주의해야 할 점이 있습니다. 만약 배우자가 일단 계좌를 승계(선택 1)한 뒤, 연금 수령 목적이 아닌 다른 이유로 임의로 해지해서 일시금으로 인출한다면 이는 '부득이한 사유'에 해당하지 않습니다. 이경우, 세제 혜택을 받은 원금과 운용수익에 대해 16.5%의 높은 기타소득세가 과세됩니다.

따라서 사적연금 상속 시에는 무조건 승계가 유리하다고 판단해서는안 됩니다. 전체 상속재산의 규모와 상속세 납부를 위한 유동성 필요여부, 배우자의 나이와 재정 상황 등을 종합적으로 고려해서 계좌 승계를 통한 세금 이연과 일시금 수령을 통한 저율 과세 중 어느 것이 더 유리한지 신중하게 결정해야 합니다.

저평가 시점활용과 증여 취소 전략

경영권이 수반되지 않는 상장 주식과 상장 채권을 증여할 때 가장 핵심적으로 고려해야 할 요소는 '타이밍'입니다. 시장의 변동성을 활용해 주가가 일시적으로 하락한 시점을 증여의 적기로 삼는 전략이 필요합니다.

상장 주식의 증여재산가액은 증여일 전후 각 2개월 총 4개월 동안의 최종 시세가액(종가) 평균액으로 평가한다. 반면, 상장채권의 증여재산가액은 증여일 이전 2개월 동안의 최종 시세가액(종가) 평균액과 증여일 이전 최근일의 최종 시세가액 중 큰 가액으로 평가되는 점에서 차이가 있습니다.

증권 시장이 전반적으로 약세이거나 특정 종목에 대한 악재로 증권 가격이 일시적으로 하락했을 때 증여하면, 동일한 수의 증권을 더 낮은 평가액으로 증여할 수 있어 증여세 부담이 줄어듭니다.

예를 들어, A기업 주식 1,000주를 자녀에게 증여한다고 가정해보겠습니다. 평소 주당 15만 원에 거래되던 주식이 시장 상황 악화로 10만 원까지 하락했습니다.

- 고점 증여 시 : 증여재산가액은 1억 5,000만 원(150,000×1,000주)이 되어, 성인 자녀 공제 5,000만 원을 제외한 1억 원에 대해 10%의 세율을 적용받아 1,000만 원의 증여세를 납부해야 합니다.

● 저점 증여 시 : 증여재산가액은 1억 원(100,000×1,000주)이 되어, 공제 후 과
세표준 5,000만 원에 대해 10% 세율을 적용받아 500만 원의 증여세만 납
부하면 됩니다.

이후 주가가 다시 15만 원으로 회복된다면, 자녀는 세금 없이 5,000
만 원의 자산가치 상승을 누리게 됩니다. 이처럼 주가 하락기에 증여하
면 미래의 자본 이득을 비과세로 이전하는 효과를 거둘 수 있습니다.

그러나 이 전략에는 한 가지 위험이 따릅니다. 증여 후 2개월 내에
주가가 예상과 달리 급등하면 평가액이 높아져 오히려 세금 부담이 커
질 수 있습니다. 이러한 경우에 활용할 수 있는 방법이 증여 취소입니
다. 증여세 신고기한(증여일이 속하는 달의 말일부터 3개월) 이내라면 증여를
취소하고 주식을 반환할 수 있습니다. 이 경우, 처음부터 증여가 없었
던 것으로 보아 증여세가 과세되지 않습니다. 이 방법을 사용한다면 저
점을 반드시 맞출 수 있는 혜안이 없더라도 증여 시기를 바르게 정할
수 있습니다.

다만, 법적으로 증여세 신고기한 내 증여재산을 반환하면 증여세가
과세되지 않으나, 이는 당사자 간의 합의 파기 등 불가피한 상황을 전
제로 한 규정입니다. 만약 주가 변동에 따른 세금 유불리를 따져 반복
적으로 증여와 취소를 실행할 경우, 과세관청은 이를 조세 회피 목적으
로 판단해서 증여세를 추징할 위험이 있으므로 전문가와의 상담 후 실
행하는 것을 추천합니다.

특수 주식 및 채권을 이용한 증여 전략과 리스크

(1) 특수 주식 및 채권 활용의 한계

전환우선주, 전환사채(CB), 신주인수권부사채(BW) 등 특수한 형태의 주식과 채권은 경영권 방어와 승계 과정에서 정교한 도구로 사용될 수 있지만, 동시에 국세청의 집중 감시 대상이 되는 고위험 전략입니다. 과거 삼성그룹은 전환사채를 이용해서 증여세를 절감했고, CJ그룹은 전환우선주를 이용해 증여세를 절감했습니다.

국세청에서는 과거의 경험을 통해 각종 특수 유가증권을 활용해 손쉽게 증여세를 절감할 수 있는 길을 단계별로 막아놓았습니다.

- 저가 인수·취득 시 : 특수관계인으로부터 전환우선주, CB 또는 BW를 시가보다 싸게 사들일 경우, 그 차액을 증여로 봅니다.
- 주식 전환 시 : 전환우선주, CB 또는 BW를 주식으로 전환할 때, 전환 당시의 주식 시가가 전환가액보다 높으면 그 차익(전환이익)을 증여로 봅니다.
- 고가 양도 시 : 보유하던 전환우선주, CB 또는 BW를 특수관계인에게 시가보다 비싸게 팔 경우, 그 차액을 증여로 봅니다.

현재는 특수 주식 및 채권을 활용해 언론 보도에서 접했던 정도의 대단한 효능을 기대하기는 어려워진 것이 사실입니다. 그럼에도 불구하고 아직 활용할 수 있는 전략들이 남아 있습니다.

(2) 특수 채권을 통한 절세 방법

일반적으로 증여세는 10년 이내 동일인에게 받은 모든 증여를 합산해 높은 누진세율을 적용하지만, 이러한 '합산 과세' 대상에서 빠지는 이익들이 있는데, 이를 '합산배제증여재산'이라 합니다. 다음이 그 구체적인 예입니다.

- 전환사채 등의 전환·양도 등에 따른 이익의 증여
- 주식 또는 출자지분의 상장 등에 따른 이익의 증여
- 합병에 따른 상장 등 이익의 증여
- 타인의 기여에 의한 재산가치 증가에 따른 이익의 증여
- 특수관계법인과의 거래를 통한 이익의 증여의제

합산배제증여재산에 해당되는 전환사채 등의 전환이익은 다른 증여(예 : 현금, 부동산 증여)와 합산되지 않고, 해당 이익만을 기준으로 별도로 증여세가 계산됩니다. 이로 인해 전체 증여액이 누적되어 높은 세율 구간(최대 50%)으로 진입하는 것을 방지할 수 있습니다. 예를 들어, 이미 10년 내에 5억 원을 증여받아 20% 세율 구간에 있는 수증자가 전환이익 2억 원을 얻더라도, 이 2억 원은 기존 증여와 합산되지 않고 별도의 과세표준으로 계산되어 낮은 세율을 적용받게 됩니다.

전환사채 등의 전환이익은 상속세 계산 시에도 중요한 이점을 가집니다. 일반적인 사전증여재산은 피상속인 사망 전 10년(상속인) 또는 5년(상속인 외의 자) 이내의 경우 상속재산에 합산되지만, 합산배제증여재

산은 이 기간에 관계없이 상속세 과세가액에 가산되지 않습니다. 이는 장기적인 상속 계획에서 예측 가능성과 절세 효과를 크게 높이는 요인입니다.

마지막으로 전환사채 등의 전환이익은 일반 증여 시 적용되는 증여 재산공제(배우자 6억, 직계존비속 5,000만 원 등)와는 별개로, 합산배제증여재산은 3,000만 원의 별도 공제가 적용됩니다.

사례 **합산배제의 유용성 비교**

구분	일반적인 합산과세의 경우(가정)	실제 합산배제 방식
상황	2020년 부친에게 현금 5억 원 증여받음. 2024년 부친 회사의 CB 전환으로 2억 원의 이익이 발생함.	2020년 부친에게 현금 5억 원 증여받음. 2024년 부친 회사의 CB 전환으로 2억 원의 이익이 발생함.
과세표준 계산	• 총증여액 : 5억 원 + 2억 원 = 7억 원 • 과세표준 : 7억 원 − 5,000만 원 (자녀공제) = 6.5억 원	• (1차 증여) 현금 5억 원에 대한 과세표준 : 5억 원 − 5,000만 원 = 4.5억 원 • (2차 증여) CB 전환이익 2억 원에 대한 과세표준 : 2억 원 − 3,000만 원 = 1.7억 원
세율 적용	6.5억 원에 대해 30%의 누진세율 적용	• 4.5억 원에 대해 20% 세율 적용 • 1.7억 원에 대해 20% 세율 별도 적용
결과	높은 누진세율로 인해 상대적으로 많은 세금 부담	두 증여가 분리되어 낮은 세율 구간을 각각 적용받아 총 세 부담 감소

(3) 특수 주식 및 채권을 통한 경영권 이전 없는 부의 이전

실무적으로 회사의 승계를 준비하는 창업주분들을 만나 보면, 자주 부딪히는 문제가 있습니다. 바로 부의 이전에 대한 마음의 준비는 되어 있지만, 경영권을 이전할 마음의 준비는 되어 있지 않은 경우가 많다는 점입니다. 이런 상황에서는 아무리 절세에 유리한 방안을 제안하더라도, 창업주가 합리적인 의사결정을 내리기 어려운 경우가 많습니다.

이럴 때 활용할 수 있는 도구가 바로 특수 주식 및 채권입니다. 부의 이전은 진행하되, 경영권 이전은 뒤로 미룰 수 있다는 점에서 의미가 큽니다. 현재 시점에서는 지분율에 변화가 없고, 수년이 지난 뒤 자연스럽게 지분율 변동이 이루어지도록 설계할 수 있어 상황에 따라 유연하게 활용할 수 있는 수단입니다.

다만 이러한 특수 증권을 활용한 승계 전략은 고도의 법률·세무 지식이 요구되는 전문가의 영역입니다. 명확한 목적 없이 단순히 조세 회피를 위해 구조를 설계하는 것은 국세청에 위험 신호를 보내는 것과 다르지 않습니다. 따라서 실행에 앞서 충분한 검토와 전문가의 철저한 자문이 필요하다는 것을 유념하시기 바랍니다.

가업승계 지원 제도를 이용한
비상장법인의 상속·증여

대한민국 경제 성장의 주역인 창업 1세대 경영인들의 은퇴가 본격화되면서, 안정적인 가업승계는 개별 기업의 영속성을 넘어 국가 경제의 지속가능성을 위한 핵심 과제로 부상했습니다.

이에 부응해 정부는 수년에 걸쳐 '가업상속공제' 및 '가업승계에 대한 증여세 과세특례'와 같은 지원 제도를 꾸준히 정비하고 확대해왔습니다. 이러한 제도적 장치들은 원활한 경영권 이전을 유도하고, 세 부담을 경감시켜 기업이 한 세대를 넘어 지속될 수 있는 중요한 기반을 제공합니다.

그러나 실무 현장에서 마주하는 현실은 녹록지 않습니다. 현행 법규상 가업승계 지원 제도는 10년 이상의 업력, 최대주주 지분율, 업종 제한 등 매우 엄격하고 복잡한 요건을 전제로 합니다. 이로 인해 상당수의 중소·중견기업들이 이러한 제도의 혜택을 온전히 받지 못하는 상황에 직면해 있습니다.

따라서 성공적인 가업승계 전략을 수립하기 위해서는 제도적 지원을 활용할 수 있는 경우와 그렇지 못한 경우를 명확히 구분해서 접근하는 이원적 검토가 필수적입니다.

이 장에서는 가업승계 지원 제도의 구체적인 요건과 절차, 그리고 활용 시 유의사항을 분석할 것입니다. 다음 장에서는 제도적 혜택의 사각지대에 놓인 기업들이 활용할 수 있는 보편적이면서도 섬세한 접근이 요구되는 실무적 대안들을 체계적으로 제시하고자 합니다.

가업승계 지원 제도의 개요

우리나라는 안정적인 가업승계를 도와주기 위해 가업상속공제, 가업승계 증여세 과세특례, 가업승계 상속·증여세 장기 연부연납, 중소기업 상속·증여세 납부유예 등의 4대 가업승계 지원 제도를 운용하고 있습니다.

이 제도들은 승계 시점(사전/사후), 지원 방식(공제/세율 특례/납부 연기), 그리고 혜택의 대가로 따라오는 위험 요인이 모두 다르기 때문에, 우리

기업의 현재 재무 상태, 미래 성장 가능성, 그리고 경영 환경의 불확실성을 종합적으로 고려한 전략적 선택이 무엇보다 중요합니다. 지금부터 각 제도가 어떤 특징을 가지고 있으며, 어떤 상황에서 가장 유리한 선택이 될 수 있는지 요약해서 검토해보겠습니다.

(1) 가업상속공제(사후 승계 전략)

① 제도 정의 및 적용 시점

이 제도는 경영자(피상속인)가 사망한 후, 상속인이 가업을 물려받을 때 발생하는 상속세 부담을 줄여주기 위한 가장 대표적인 사후(死後) 승계 지원책입니다.

② 핵심 구조 및 혜택

핵심은 '과세가액 공제' 방식입니다. 이는 상속세율(10~50%)을 적용하기 전에 과세 대상이 되는 재산가액 자체를 최대 600억 원까지(가업 영위 기간 30년 이상 기준) 직접 차감해주는 방식입니다. 따라서 과세표준이 획기적으로 줄어들어 최종 납부할 상속세액을 크게 낮추는 효과가 있습니다.

③ 핵심 위험

가장 큰 위험은 5년간의 엄격한 '사후관리' 의무입니다. 이 기간 동안 ▲ 가업용 자산의 40% 이상 처분 금지 ▲ 대표이사직 유지 ▲ 주된 업종 유지 ▲ 정규직 근로자 수 또는 총급여액 90% 이상 유지 등 까다로운 조건을 지켜야 합니다. 만약 이 중 하나라도 위반하면 감면받았던 세금 중 일정 부분과 이자까지 추징당할 수 있어, 기업 경영에 상당한 족쇄가 될 수 있습니다.

(2) 가업승계 증여세 과세특례(사전 승계 전략)

① 제도 정의 및 적용 시점

경영자가 생전에 자녀에게 계획적으로 지분을 넘겨주고자 할 때 활용하는 사전(事前) 증여 지원책입니다.

② 핵심 구조 및 혜택

이 제도는 일반 증여세율(10~50%) 대신 10~20%의 '낮은 특례세율'을 적용하는 것이 핵심입니다. 최대 600억 원의 증여재산에 대해 10억 원을 공제한 후 과세표준 120억 원 이하까지는 10%, 120억 원 초과분은 20%의 세율을 적용하므로, 당장의 증여세 부담을 크게 줄일 수 있습니다. 특히 앞으로 기업가치가 크게 상승할 것으로 예상될 때, 현재의 낮은 가치를 기준으로 미리 세금을 내는 것이 유리할 수 있습니다.

③ 핵심 위험

가장 치명적인 위험은 '환급 불가' 규정입니다. 이 특례로 납부한 증여세는 상속 시 상속세에서 공제되지만, 만약 증여 이후 기업가치가 하락해서 최종 상속세가 이미 낸 증여세보다 적게 나와도 그 차액을 돌려주지 않습니다. 이는 미래의 불확실성을 고스란히 수증자가 떠안아야 하는 위험입니다.

(3) 장기 연부연납(유동성 확보 전략)

① 제도 정의 및 적용 시점

이는 세액을 감면해주는 제도가 아니라, 산출된 세금을 납부하는 단계에서 현금 유동성 부담을 덜어주는 제도입니다.

② 핵심 구조 및 혜택

세금을 장기간에 걸쳐 나누어낼 수 있도록 허용하는 '분할 납부' 방식입니다. 특히 가업승계의 경우, 상속세는 최장 20년(10년 거치 후 10년 분납 가능), 증여세는 15년까지 분납이 가능해 일반적인 경우보다 훨씬 긴 기간을 제공합니다. 당장 거액의 세금을 낼 현금이 부족한 기업에게 필수적인 유동성 확보 수단입니다.

③ 핵심 위험

세금 분납 기간 동안에는 소정의 이자(연부연납 가산금)를 추가로 부담해야 합니다.

④ 타 제도와의 관계

다른 공제나 특례 제도와 함께 사용할 수 있어 활용도가 높습니다.

(4) 중소기업 납부유예(유연성 확보 전략)

① 제도 정의 및 적용 시점

2023년에 신설된 가장 최신 제도로, 중소기업에 한해 적용됩니다. 세금 납부 단계에서 선택할 수 있습니다.

② 핵심 구조 및 혜택

산출된 상속·증여세의 납부를 승계받은 지분을 실제로 처분(양도, 재상속, 재증여 등)하는 시점까지 '이연'시켜주는 제도입니다. 이 제도의 가장 큰 장점은 기존 제도들의 발목을 잡았던 사후관리 요건이 대폭 완화되었다는 점입니다. 예를 들어, 고용 유지 의무는 70%로 낮아졌고, 가장 큰 족쇄로 지적되던 '업종 변경 제한'이 완전히 사라졌습니다. 이는 급변하는 시장 환경에 맞춰 기업이 유연하게 사업을 전환하고 혁신할 수 있는 길을 열어줍니다.

③ 핵심 위험

세금 채무가 면제되는 것이 아니라 미래로 미뤄지는 것이므로, 언젠가는 납부해야 할 의무가 그대로 남아 있습니다.

④ 타 제도와의 관계

'가업상속공제'나 '증여세 과세특례'와 중복으로 선택할 수 없습니다. 따라서 경영자는 '세금의 대폭적인 감면과 엄격한 규제'를 택할 것인지, '세금 납부 이연과 경영의 유연성'을 택할 것인지 전략적인 선택을 해야 합니다.

[4대 가업승계 지원 제도 핵심 비교]

구분	가업상속공제	가업승계 증여세 과세특례	연부연납	중소기업 납부유예
제도 정의	피상속인 사망 후 상속세 과세가액에서 일정 금액을 공제해 세 부담을 줄이는 제도	경영자가 생전에 자녀에게 지분을 이전할 때 낮은 증여세율을 적용하는 제도	산출된 세금을 장기간에 걸쳐 분할 납부해 유동성 부담을 완화하는 제도	중소기업에 한해, 세금 납부를 미래의 지분 양도 등 현금화 시점까지 연기하는 제도
적용 시점	사후(상속)	사전(증여)	납부 단계	납부 단계
핵심 구조	과세가액 공제	저율 특례세율 적용	납부 기간 분할	세금 납부 이연
최대 한도	600억 원(가업영위 기간 30년 이상)	600억 원(가업영위 기간 30년 이상)	해당 없음.	해당 없음.
주요 혜택	과세표준을 직접 축소해 상속세액 대폭 절감	낮은 세율(10~20%)로 계획적인 사전 증여 가능	최장 20년간 분할 납부로 현금 유동성 부담 완화	엄격한 사후관리 부담 없이 세금 납부를 미래로 이연
핵심 위험	5년간 엄격한 사후관리(고용·자산·업종 등) 위반 시 세금 및 이자 추징	증여 후 기업가치 하락 시, 기납부 증여세가 최종 상속세보다 많아도 환급 불가	분할 납부 기간 동안 연부연납 가산금(이자) 부담	세금 채무 자체가 소멸하는 것이 아니며, 미래에 납부해야 할 의무는 존속
타 제도와 관계	납부유예와 중복 선택 불가	납부유예와 중복 선택 불가	타 제도와 병행 가능	공제·특례와 중복 선택 불가

가업승계 지원 제도 적용 요건

가업승계 지원 제도를 적용받기 위해서는 크게 가업(기업), 피상속인·증여자(선대 경영자), 상속인·수증자(후대 경영자) 세 주체가 법에서 정한 요건을 모두 충족해야 합니다.

(1) 가업 요건

혜택을 받으려는 기업 자체가 특정 기준을 만족해야 합니다.

① 업종

모든 업종이 대상이 되는 것은 아닙니다. 제조업·건설업·도소매업 등 법령(상속세 및 증여세법 시행령 별표)에 명시된 특정 업종을 주된 사업으로 영위해야 합니다. 만약 회사가 여러 사업을 동시에 한다면, 수입 금액이 가장 큰 사업을 주된 사업으로 판단합니다. 최근에는 30년 이상 사업을 지속한 소상공인 중 우수성을 인정받은 '백년가게'도 대상 업종에 포함되어 범위가 확대되었습니다.

② 규모

기업의 규모에 따라 중소기업 또는 중견기업으로 나뉩니다.

- 중소기업 : 자산 총액이 5,000억 원 미만이어야 합니다.
- 중견기업 : 상속개시일 직전 3개년 평균 매출액이 5,000억 원 미만이어야 합니다.
- 이 규모 기준은 각 제도의 적용 대상을 결정하는 중요한 잣대가 되며, 특히 '납부유예' 제도는 중소기업에만 해당합니다.

③ 사업무관자산

세제 혜택은 기업의 전체 자산이 아닌, '사업과 직접 관련된 자산'에 대해서만 적용됩니다. 예를 들어, 회사가 사업과 무관한 토지나 임대용 부동산, 과도한 현금, 업무와 관련 없는 대여금 등을 보유하고 있다면,

그 자산가치에 해당하는 부분만큼은 세금 혜택 대상에서 제외됩니다. 따라서 실제 절세 효과를 극대화하려면 사전에 이러한 사업무관자산을 합법적인 범위 내에서 정리하는 것이 매우 중요합니다. 최근 개정으로 임직원 사택이나 학자금 대여금 등은 사업 관련 자산으로 인정되는 등 일부 요건이 합리화되었습니다.

(2) 피상속인·증여자 요건

기업을 물려주는 선대 경영자가 충족해야 할 요건입니다.

① 경영 기간

최소 10년 이상 해당 가업을 계속해서 경영해야 합니다. 이는 제도의 가장 기본적인 전제 조건으로, 단기간에 준비할 수 없는 장기 계획이 필요한 부분입니다.

② 지분 보유

피상속인(증여자)과 그의 특수관계인(가족 등)을 합한 지분율이 10년 이상 계속해서 40% 이상(상장법인은 20%)을 유지해야 합니다. 이는 명목상의 주주가 아닌, 실질적인 지배주주로서 기업을 운영했음을 증명하는 요건입니다.

③ 대표이사 재직

단순히 지분만 보유하는 것을 넘어, 실제 경영에 참여했음을 입증해야 합니다. 다음 세 가지 중 하나를 충족해야 합니다.

- 전체 가업 영위 기간의 50% 이상을 대표이사로 재직
- 상속(증여)일로부터 소급해서 10년 중 5년 이상을 대표이사로 재직
- 가업 영위 기간 중 10년 이상 대표이사로 재직(후계자가 직위를 승계한 경우), 특히 2025년부터는 증여세 과세특례도 이 대표이사 재직 요건이 신설되어, 사전 증여 계획 시 반드시 고려해야 할 사항이 되었습니다.

(3) 상속인·수증자 요건

가업을 물려받는 후대 경영자가 갖춰야 할 자격입니다.

① 연령 및 신분

상속(증여)일 기준으로 만 18세 이상인 '거주자'여야 합니다.

② 사전 근무

가업상속공제를 받으려면, 상속인은 상속개시일 2년 전부터 해당 가업에 직접 종사해야 합니다. 이는 후계자가 미리 경영에 참여해 업무를 파악하고 준비했음을 요구하는 규정입니다. 병역 의무나 질병 등 부득이한 사유가 있을 경우, 예외가 인정됩니다.

③ 대표이사 취임

세금 혜택을 받은 후 실제로 경영을 책임지겠다는 약속의 의미입니다.

- 가업상속공제 : 상속세 신고기한까지 임원으로 취임하고, 그로부터 2년 이내에 대표이사로 취임해야 합니다.
- 증여세 과세특례 : 증여세 신고기한까지 가업에 종사하고, 증여일로부터 3

년 이내에 대표이사로 취임해야 합니다.

④ 납부능력 요건

중견기업이 가업상속공제를 받을 때만 적용되는 특수한 규정입니다. 만약 상속인이 가업과 관련 없는 다른 재산을 충분히 많이 물려받아 상속세를 낼 능력이 충분하다고 판단되면(가업 외 상속재산이 납부할 상속세액의 2배를 초과하는 경우), 공제 혜택을 받을 수 없습니다. 이는 제도가 정말 세금 납부가 어려운 기업을 돕기 위한 것임을 명확히 하는 조항입니다.

[가업승계 지원 제도 적용 요건 요약]

구분	요건 상세	관련 제도
가업 요건		
업종	제조업, 건설업, 도소매업 등 법령에서 정한 38개 업종 및 '백년가게'	공제, 특례, 납부유예
규모	중소기업(자산 5,000억 원 미만) 또는 중견기업(매출 5,000억 원 미만)	공제, 특례(납부유예는 중소기업만 해당)
사업무관자산	비사업용 토지, 과다 보유 현금 등 사업과 직접 관련 없는 자산은 혜택에서 제외됨.	공제, 특례
피상속인·증여자 요건		
경영 기간	최소 10년 이상 계속 경영	공제, 특례, 납부유예
지분 보유	특수관계인 포함 지분 40%(상장사 20%) 이상을 10년 이상 계속 보유	공제, 특례, 납부유예
대표이사 재직	가업 영위 기간의 50% 이상, 또는 상속(증여)일 전 10년 중 5년 이상 등	공제, 특례, 납부유예
상속인·수증자 요건		
연령 및 신분	상속(증여)일 현재 만 18세 이상	공제, 특례, 납부유예
사전 근무	상속개시일 전 2년 이상 가업에 직접 종사	공제, 납부유예(상속)

구분	요건 상세	관련 제도
대표이사 취임	상속세 신고기한까지 임원 취임 후 2년 내 (특례는 3년 내) 대표이사 취임	공제, 특례, 납부유예
납부능력 요건	(중견기업 해당 시) 가업상속재산 외 상속재산이 납부할 상속세액의 2배를 초과하지 않아야 함.	공제

가업승계 지원 제도 사후관리 요건

가업승계 지원 제도를 통해 세금 혜택을 받은 기업은, 그 혜택이 정당하게 '기업의 영속성'을 위해 사용되었음을 증명하기 위해 법에서 정한 기간(기존 7년에서 5년으로 단축) 동안 특정 의무를 준수해야 합니다. 이를 '사후관리'라고 부르며, 만약 이 의무를 정당한 사유 없이 위반할 경우, 감면받았던 세금 중 일정 부분과 이자 상당액까지 추징당할 수 있어 제도 활용의 가장 큰 위험 요소로 꼽힙니다.

(1) 승계자 역할(대표이사직 유지 등)

① 가업상속공제 및 증여세 과세특례

승계자는 혜택을 받은 후 5년간 대표이사직을 계속 유지해야 합니다. 이는 승계자가 명목상의 주주가 아니라 실질적으로 기업 경영을 책임지고 있다는 것을 보여주기 위한 요건입니다.

② 중소기업 납부유예

대표이사직 유지까지는 요구하지 않지만, 후계자가 가업에 계속 종사해야 합니다. 이는 대표이사직 유지보다는 다소 완화된 요건으로, 경영 참여의 형태에 있어 약간의 유연성을 부여합니다.

(2) 자산 유지

① 가업상속공제 및 납부유예

상속(증여)받은 가업용 자산 총액의 40% 이상을 임의로 처분할 수 없습니다. 이는 기업의 핵심 생산 기반이 승계 이후에도 유지되도록 강제하는 규정입니다. 과거 20%에서 40%로 완화되었으나, 여전히 기업의 자산 운용에 상당한 제약이 됩니다.

② 증여세 과세특례

이 제도에는 자산 유지 의무가 없습니다. 이는 다른 두 제도와 비교되는 매우 큰 장점으로, 기업이 시장 상황에 맞춰 비효율 자산을 매각하거나 신규 투자를 위해 자산을 유동화하는 등 유연한 자산 전략을 펼칠 수 있게 해줍니다.

(3) 지분 유지

세 제도에 모두 해당합니다. 승계자는 승계받은 주식(지분)을 5년간 임의로 처분해서 지분율이 감소해서는 안 됩니다. 이는 경영권 안정을 위한 필수적인 요건으로, 승계자가 단기 차익을 위해 지분을 매각하고 경영에서 손을 떼는 것을 방지하기 위함입니다.

(4) 업종 변경

① 가업상속공제 및 증여세 과세특례

주된 사업의 업종을 변경할 수는 있지만, 한국표준산업분류상 '대분류' 내에서의 변경만 허용됩니다. 예를 들어, '제조업' 내에서 플라스틱 제조업을 하다가 자동차 부품 제조업으로 바꾸는 것은 가능하지만, '제조업'에서 '도소매업'으로 바꾸는 것은 원칙적으로 금지됩니다. 다만, 대분류 밖으로의 변경(예 : 제조업 → 도소매업)이라 하더라도, 평가심의위원회의 심의를 거쳐 기술적 연관성이 인정되면 예외적으로 허용될 수 있습니다.

② 중소기업 납부유예

이 제도의 가장 혁신적인 부분으로, 업종 변경에 아무런 제한이 없습니다. 기술 변화가 빠르거나 새로운 시장으로의 전환이 필요한 기업에게는 다른 제도와 비교할 수 없는 큰 장점입니다. 이는 기업의 생존과 성장을 위한 유연한 사업 재편을 가능하게 합니다.

(5) 고용 유지

이 조항은 기업 경영에 가장 직접적인 부담을 주며, 많은 기업이 제도 활용을 포기하게 만드는 핵심적인 규정입니다.

① 가업상속공제

5년간 매년 정규직 근로자 수 또는 총급여액의 전체 평균이 기준 시점(상속 직전 2년 평균)의 90% 이상을 유지해야 합니다. 이는 기업의 통제

불가능한 외부 경제 충격(예:코로나19)이 발생했을 때, 지키기 어려운 조건일 수 있으며, 실제 이 요건을 위반해서 세금을 추징당한 사례도 있습니다.

② 증여세 과세특례

이 제도에는 고용 유지 의무가 전혀 없습니다. 이는 가업상속공제와 비교했을 때 큰 차이점이자 장점입니다. 고용 유연성이 중요한 기업이라면 이 제도를 전략적으로 고려해볼 수 있습니다.

③ 중소기업 납부유예

고용 유지 기준이 70%로 완화되어 있습니다. 90%를 유지해야 하는 가업상속공제에 비해 기업의 부담을 상당히 줄여주어 훨씬 현실적인 대안이 될 수 있습니다.

(6) 위반 시 제재

① 가업상속공제

가업상속공제를 받은 상속인은 상속개시일(사망일)부터 5년 동안 가업을 일정 요건대로 유지해야 하며, 대통령령이 정한 '정당한 사유' 없이 가업용 자산을 40% 이상 처분하거나 상속인이 가업에 종사하지 않게 되거나 상속받은 주식·지분이 감소하면(다만 물납으로 인한 감소는 예외) 과거에 공제받았던 금액을 추징당합니다. 또한 5년간의 평균 기준으로 정규직 근로자 수와 총급여액이 각각 직전 2개 과세기간 평균의 90%에 미달하는 경우에도 요건 위반으로 보아 추징 대상이 됩니다. 이때 추징세액은 공제액(자산 처분의 경우 처분비율을 반영)에 경과기간에 따른 가산율을 적용해 상속개시 당시 과세가액에 다시 더해 계산하며, 여기에 이자상당액까지 가산되어 상속세로 추가 부과됩니다.

② 증여세 과세특례

특례 적용이 취소되고, 해당 증여를 일반 증여로 보아 높은 누진세율 (10~50%)로 세금을 재계산하며, 역시 이자 상당액을 함께 납부해야 합니다.

③ 납부유예

위반 내용에 따라 제재 수위가 다릅니다. 예를 들어, 5년 이내에 지분을 감소시키면 유예된 세액 전액이 추징되지만, 5년이 지난 후에 지분을 일부 매각하면 매각한 비율만큼만 세금을 납부하게 됩니다.

결론적으로, 사후관리 의무는 각 제도의 성격을 규정하는 핵심 요소입니다. 경영자는 세금 감면 혜택의 크기뿐만 아니라, 향후 5년간 기업의 경영 자율성이 얼마나 제약받을지를 신중하게 비교해 가장 적합한 제도를 선택해야 합니다.

[사후관리 의무 요약]

구분	가업상속공제	가업승계 증여세 과세특례	중소기업 납부유예
승계자 역할	대표이사직 유지	대표이사직 유지	가업 종사 유지
자산 유지	가업용 자산의 40% 이상 처분 금지	관련 규정 없음.	가업용 자산의 40% 이상 처분 금지

구분	가업상속공제	가업승계 증여세 과세특례	중소기업 납부유예
지분 유지	승계 지분 유지	승계 지분 유지	승계 지분 유지
업종 변경	한국표준산업분류상 대분류 내에서만 허용	한국표준산업분류상 대분류 내에서만 허용	제한 없음.
고용 유지	5년 평균 정규직 근로자 수 또는 총급여액 90% 이상 유지	관련 규정 없음.	5년 평균 정규직 근로자 수 또는 총급여액 70% 이상 유지
위반 시 제재	공제받은 세액 전액· 일부 및 이자 상당액 추징	일반증여로 간주해 재과세 및 이자 상당액 추징	공제받은 세액 전액· 일부 및 이자 상당액 추징

가업승계 지원 제도를 이용하지 않는 비상장법인의 상속·증여

앞서 살펴본 정부의 가업승계 지원 제도는 분명 파격적인 세금 혜택을 제공하지만, 그 이면에는 매우 엄격한 적용 요건과 예측 불가능한 사후관리라는 무거운 족쇄가 달려 있습니다. 실제로 많은 기업이 이 높은 문턱 앞에서 제도 활용을 포기하거나, 애초에 대상조차 되지 못하는 것이 현실입니다.

그렇다고 해서 기업의 영속성을 위한 승계 계획 자체를 멈출 수는 없습니다. 오히려 정부의 특별 지원이라는 '지름길'이 아닌, 더 보편적이고 현실적인 방법으로 승계를 준비하는 기업이 많습니다. 이는 세법의 일반 원칙과 다양한 금융 및 법률 도구를 활용해, 기업의 상황에 맞춰 최적의 해법을 능동적으로 설계하는 과정입니다.

지금부터는 정부의 특례 제도에 의존하지 않고, 대주주가 독자적으로 활용할 수 있는 핵심적인 승계 전략들을 살펴보겠습니다.

주식 증여 전 기업가치 평가 낮추기 실전 전략

가업상속공제나 증여세 과세특례 등 세법상 지원 제도를 활용하기 어려운 비상장 기업 오너의 경우, 주식 증여 이전에 기업의 평가가치를 합법적으로 낮추는 전략이 증여세 부담을 직접적으로 경감시키는 유효한 대안이 될 수 있습니다.

이 전략의 핵심은 상속세 및 증여세법상 비상장 주식 가치 평가의 두 가지 핵심 요소인 순손익가치와 순자산가치를 배당이나 퇴직금 지급 등의 방법을 통해 사전에 조정하는 데 있습니다. 기업의 평가가치가 낮아지면 동일한 지분을 증여하더라도 증여재산가액 자체가 감소하게 되고, 그 결과 수증자가 부담할 증여세는 자연스럽게 줄어드는 효과를 기대할 수 있습니다.

(1) 순손익가치 관리

순손익가치는 최근 3년간의 순이익을 가중평균해서 산정되므로, 증여 시점 직전 연도의 이익 규모가 평가액에 가장 큰 영향을 미칩니다. 따라서 증여 계획이 있다면, 이 3년의 기간 동안 합법적인 범위 내에서 순이익을 조절하는 노력이 필요합니다.

① 전략적 비용 인식

회사의 영업활동과 관련된 정당한 비용을 증여 시점 이전에 집중적으로 집행해서 회계상 순이익을 낮추는 전략입니다.

- 창업주 및 임원 퇴직금 지급 : 가업승계 과정에서 창업주인 아버지가 경영 일선에서 물러나는 것은 자연스러운 수순입니다. 이때 정관에 근거해 합법적인 범위 내에서 퇴직금을 지급하면, 이는 회사의 손익계산서에 큰 비용으로 반영되어 해당 연도의 순이익을 크게 감소시킵니다. 이 전략은 순손익가치에 가장 큰 가중치(x3)가 부여되는 증여 직전 연도에 실행할 때 그 효과가 극대화됩니다.

- 연구 개발(R&D) 및 마케팅 투자 확대 : 향후 회사의 성장에 필요한 R&D 투자나 대규모 마케팅 캠페인을 증여 계획 기간에 앞당겨 집행하는 것도 좋은 방법입니다. 이는 미래를 위한 투자라는 명확한 사업적 명분이 있으며, 동시에 단기적인 순이익을 감소시켜 주식 평가액을 낮추는 효과를 가져옵니다.

이러한 순손익가치 관리는 일회성 이벤트가 아니라, 3년의 기간을 활용하는 장기적인 프로세스로 접근해야 합니다. 증여 3년 전과 2년 전에는 소규모의 비용 증가를 유도하고, 가장 결정적인 증여 1년 전에 창업주 퇴직금 지급과 같은 큰 규모의 비용을 합리적인 명분과 함께 집행하는 것이 가장 효과적입니다. 이는 세무 당국이 문제 삼기 어려운, 잘 설계된 경영 활동의 결과로 비춰질 수 있습니다.

(2) 순자산가치 관리

순자산가치는 '자산총액 − 부채총액'으로 계산되므로, 자산을 줄이거나 부채를 늘리는 방향으로 관리해야 합니다.

① 배당 실시

순자산가치를 낮추는 가장 직접적이고 간단한 방법은 배당입니다. 회사에 쌓여 있는 이익잉여금을 주주에게 배당으로 지급하면, 그만큼 회사의 현금 자산과 이익잉여금이 동시에 감소해 순자산가액이 줄어듭니다.

② 사업무관자산 처분

사업과 관련 없는 자산을 정리하고 이를 통해 얻어진 현금을 배당이나 퇴직금 지급의 재원으로 활용하면, 순자산 감소 및 순손익가치 하락을 시킬 수 있습니다.

- 비사업용 부동산 매각 : 투자 목적으로 보유 중인 상가나 오피스텔 등을 매각해 현금화한 뒤, 이를 배당이나 퇴직금으로 지급합니다.
- 업무무관 대여금 회수 : 특수관계자에 대한 대여금을 회수해서 부실 자산의 위험을 줄이고 자산 구조를 건전화합니다.
- 불필요한 금융상품 정리 : 사업과 무관한 타 법인 주식이나 펀드 등을 처분합니다.

[기업가치 조정 전후 비교 시뮬레이션]

항목	조정 전	조정 전략	조정 후
순자산가치 계산			
자산총계	150억 원	배당 10억 원 퇴직금 20억 원	120억 원
부채총계	50억 원		50억 원
순자산가액	100억 원		70억 원
1주당 순자산가치	100,000원	(발행 주식수 10만 주 가정)	70,000원

항목	조정 전	조정 전략	조정 후
순손익가치 계산			
3년 전 순손익액	15억 원		15억 원
2년 전 순손익액	20억 원		20억 원
1년 전 순손익액	25억 원	창업주 퇴직금 20억 원 지급	5억 원
1주당 순손익액 가중평균	21.67억 원		11.67억 원
계산된 1주당 순손익가치	216,666원	(발행 주식 수 10만 주 가정)	116,666원
순손익가치 하한	80,000원	순자산가치의 80%	56,000원
1주당 순손익가치	216,666원	Max(계산된 순손익가치, 순자산가액의 80%)	116,666원
최종 평가액			
상증세법상 1주당 평가액	169,999원	[(순손익가치×3)+(순자산가치×2)]/5	97,999원
증여주식 수(50%)	50,000주		50,000주
총증여재산가액	85억 원		49억 원
예상 증여세	약 37.65억 원	(공제 등 미고려)	약 19.65억 원
절세 효과			약 18억 원

(주) 위 표의 세액은 누진공제 및 증여재산공제를 단순화해서 개략적으로 계산한 것으로 실제와 차이가 있을 수 있음.

위 시뮬레이션은 단 두 가지 전략, 즉 퇴직금 지급과 배당 실시만으로도 1주당 평가액이 약 42% 하락하고, 그 결과 18억 원에 달하는 증여세를 절감할 수 있음을 명확히 보여줍니다. 이는 비상장 주식 증여 시 기업가치 관리가 선택이 아닌 필수임을 증명하는 강력한 사례입니다.

이러한 기업가치 관리는 증여 직전에 진행하기보다는 최소 2~3년의 계획을 바탕으로 한 전략적 접근이 필요합니다.

그리고 이 방법을 실행할 때 가장 중요한 고려사항이 하나 있습니다. 바로 '감소되는 증여세와, 그로 인해 증가할 수 있는 소득세·법인세의 금액을 반드시 비교해야 한다'라는 점입니다. 기업가치를 낮추기 위한 일련의 조치들은 증여자 개인의 종합소득세 부담 증가나, 법인의 법인세 부담으로 이어질 수 있습니다. 한쪽의 세금을 줄이려다가 다른 쪽에서 더 큰 세금을 부담하는 결과를 피하기 위해서는, 사전에 충분한 시뮬레이션과 면밀한 준비가 필수적이라는 점을 반드시 기억해야 합니다.

불균등 유상증자에 따른 이익의 증여

불균등 유상증자와 관련된 증여세 과세의 직접적인 법적 근거는 상증세법 제39조입니다. 이 조항의 핵심 논리는 법인이 신주를 발행할 때, 그 발행가액이 시가와 다르고 신주 배정이 기존 주주들의 지분율에 비례해서 균등하게 이루어지지 않을 경우, 특정 주주 집단에서 다른 주주 집단으로 경제적 가치가 이전된다는 점을 포착해 과세하는 것입니다.

이 조항은 신주를 시가보다 낮게 발행하는 '저가 발행'과 높게 발행하는 '고가 발행'으로 나누어 규정하며, 저가 발행의 경우 다시 ① 실권주를 재배정하는 경우, ② 실권주를 미배정(실권처리)하는 경우, ③ 제삼자에게 직접 배정하는 경우 등으로 세분화해 각기 다른 과세 요건을 적용합니다. 이러한 복잡성은 자본 거래의 형태에 따라 이익 이전의 방식과 성격이 다르기 때문이며, 각 시나리오의 미묘한 차이를 이해하는 것이 절세 전략 수립의 핵심입니다.

(1) 저가 발행 & 실권주 미배정

기존 주주(주로 부모)가 저가로 발행되는 신주의 신주인수권을 포기(실권)하고, 회사가 그 실권주를 재배정하지 않고 소멸시키거나 미발행 상태로 두는 경우입니다. 이 경우, 증자에 참여한 다른 주주들은 간접적으로 지분율이 상승하는 효과를 얻습니다. 이 경우는 이익을 얻는 주주의 '소극적'이고 '간접적'인 이익 취득으로 간주됩니다. 따라서 과세 요건이 '저가 발행 & 실권주 재배정' 시 더욱 완화됩니다.

증여세가 과세되기 위해서는 다음의 두 가지 요건이 모두 충족되어야 합니다.

- 반드시 신주 인수를 포기한 자와 이익을 얻은 주주 간에 특수관계가 존재
- '30% 또는 3억 원 이상' 룰이 과세 여부를 판단하는 '과세 요건'으로 적용

과세요건인 '30% 또는 3억 원 이상' 룰의 내용은 다음 두 가지 조건 중 하나를 충족하면 과세되는 것입니다.

- (증자 후 1주당 평가가액 – 신주 1주당 인수가액) ≥ 증자 후 1주당 평가가액 × 30%
- 1인별 증여재산가액이 3억 원 이상

이 방식은 '30% 또는 3억 원' 룰을 과세 기준점 이하로 관리함으로

써 증여세 없이 지분율을 조정하는 전략을 구사할 수 있습니다.

(2) 저가 발행 & 실권주 재배정

기존 주주(주로 부모)가 저가로 발행되는 신주의 신주인수권을 포기하고, 그 실권주를 다른 주주나 제삼자(주로 자녀)가 시가보다 낮은 가액으로 인수하는 경우입니다. 이 경우, 신주 인수인의 '적극적'인 이익 취득 행위로 간주됩니다. 신주를 인수한 자(수증자)는 실권주를 포기한 자(증여자)와의 특수관계 여부와 무관하게 증여세를 납부해야 합니다.

증여재산가액은 다음과 같이 계산합니다.

> (증자 후 1주당 평가가액−신주 1주당 인수가액)×인수한 실권주 수

이 방식은 특수관계가 없는 제삼자에게도 적용될 만큼 과세 범위가 넓고, '30% 또는 3억 원' 룰이라는 최소 과세 기준이 없어 절세 실익이 크지 않습니다. 덧붙여, 특수관계가 없는 제삼자에게 경영권 방어 등을 목적으로 지분을 배정할 때도 증여세 이슈가 발생할 수 있음을 유의해야 합니다.

(3) 고가 발행

신주를 시가보다 높은 가액으로 발행하는 경우입니다. 이 경우, 비싼 가격에 신주를 인수한 주주가 신주 인수를 포기한 주주에게 경제적 이익을 증여한 것으로 봅니다. 수증자는 신주 인수를 '포기한' 주주이며, 증여자는 고가에 신주를 '인수한' 주주입니다. 이 경우에도 증여세가

과세되려면 원칙적으로 증여자와 수증자 간에 특수관계가 존재해야 합니다.

이 방식도 '30% 또는 3억 원' 룰이라는 최소 과세 기준이 없어 절세 실익이 크지 않습니다. 다만, 특정 목적에 따라 법인에 현금을 담아둔다는 목적으로는 활용할 수 있습니다.

불균등 유상감자에 따른 이익의 증여

불균등 유상감자에 대한 증여세 과세는 상증세법 제39조의2에 근거합니다. 유상감자란, 회사가 주주에게 주식의 대가를 지급하고 주식을 소각해서 자본금을 감소시키는 절차입니다. 만약 이 과정이 모든 주주에게 지분율에 따라 균등하게 이루어지지 않고, 특정 주주의 주식만 시가보다 현저히 낮거나 높은 가격으로 소각한다면 주주 간에 부의 이전이 발생합니다. 이 규정은 이러한 경제적 이익의 이전을 증여로 의제해 과세하기 위한 것입니다.

(1) 과세 요건

불균등 유상감자에 따른 증여세가 과세되기 위해서는 다음의 두 가지 요건이 모두 충족되어야 합니다. 이는 유상증자의 경우보다 훨씬 엄격한 기준으로, 하나라도 충족되지 않으면 과세할 수 없습니다.

① 요건 1 : 특수관계 및 대주주 요건

주식 소각으로 손실을 본 주주와, 그로 인해 이익을 얻은 주주 사이에는 특수관계가 존재해야 합니다. 또한, 이익을 얻은 주주는 해당 법인의 '대주주'여야 합니다. 여기서 대주주란, 본인과 특수관계인의 지분을 합산해 발행 주식 총수의 1% 이상을 보유하거나 액면가액 기준 3억 원 이상의 주식을 보유한 자를 의미합니다.

② 요건 2 : 현저한 이익 요건('30% 또는 3억 원' 룰)

감자로 인해 발생한 이익이 '현저한 수준'에 해당해야 과세 대상이 됩니다. 이때 현저한 이익 여부를 판단하는 기준이 바로 '30% 또는 3억 원' 룰입니다.

(2) 리스크와 핵심 고려사항

'30% 또는 3억 원' 룰에 따라 증여세 절세를 꾀할 수 있는 기회가 있는 방법입니다. 그러나 감자 대가가 취득가액을 초과하는 부분에 대해서는 의제배당으로 소득세가 과세될 수 있으므로, 반드시 전문가와 의제배당 해당 여부 및 절세되는 증여세와 부과되는 소득세를 종합적으로 고려하는 접근이 필요합니다.

불공정 합병을 이용한 이익의 증여

합병에 따른 이익의 증여는 상증세법 제38조에 근거해서 과세됩니다. 합병이란, 둘 이상의 회사가 계약에 따라 청산 절차를 거치지 않고 하나의 법인으로 합쳐지는 법적 절차를 의미합니다. 이 과정에서 합병 당사 법인의 주주인 특수관계인 간에 합병 비율을 불공정하게 산정해서 특정 주주에게 이익을 분여하는 경우, 해당 이익을 증여로 의제해서 과세합니다.

즉, 합병법인의 최대주주와 특수관계에 있는 자가 피합병법인의 주주로서, 시가보다 불공정한 합병 비율에 따라 합병함으로써 이익을 얻은 경우, 그 이익에 상당하는 금액을 증여재산으로 간주합니다.

(1) 불공정합병 진행 방법

① 사전 준비

2개의 회사를 준비합니다. 하나는 부모가 대주주로 있는 가치가 높은 A법인(피합병법인, 소멸될 회사)이고, 다른 하나는 자녀가 대주주로 있는 가치가 상대적으로 낮은 B법인(합병법인, 존속할 회사)입니다.

② 불공정 합병비율 산정

A법인과 B법인이 합병을 추진합니다. 이때 합병의 핵심인 '합병비율'을 산정할 때, A법인의 주식 가치는 의도적으로 낮게 평가하고, B법인의 주식 가치는 상대적으로 높게 평가합니다.

③ 가치 이전

합병 시 A법인의 주주(부모)는 자신이 보유한 주식을 반납하고 그 대가로 B법인의 신주를 받게 됩니다. 그런데 A법인의 가치가 저평가되었으므로, 부모는 원래 받아야 할 몫보다 더 적은 수의 B법인 신주를 받게 됩니다.

④ 결과

합병 후 존속하는 B법인의 전체 주식 가치에서 부모의 몫이 줄어든 만큼, 기존 B법인의 주주였던 자녀의 지분 가치는 상대적으로 크게 부풀려집니다. 이렇게 자녀가 합병을 통해 얻게 된 이익, 즉(합병 후 주식가액 – 합병 전 주식가액)이 증여재산가액이 됩니다.

(2) 과세요건

불공정 합병에 따른 이익의 증여가 과세되기 위해서는 다음의 두 가지 핵심 요건이 충족되어야 합니다.

① 요건 1 : 특수관계 간 합병

합병 당사 법인의 주주 등이 특수관계인에 해당해야 합니다. 구체적으로, 어느 한 법인의 지배주주가 다른 법인의 주주와 상증세법상 특수관계에 있을 때 이 요건이 성립됩니다. 이는 합병 비율의 불공정성이 특수관계인 간의 이해관계에 따라 결정되었을 가능성을 전제로 합니다.

② 요건 2 : 현저한 이익 요건('30% 또는 3억 원' 룰)

불공정한 합병 비율로 인해 특정 주주가 얻은 이익이 '현저한' 수준에 이르러야 합니다. 여기서 '현저한 이익'은 합병으로 교부받은 주식의 가치가 적정하게 평가된 가치와의 차액이 적정 평가가치의 30% 이상이거나 그 차액이 3억 원 이상인 경우를 의미합니다. 이 기준에 미달하는 이익에 대해서는 증여세를 과세하지 않습니다.

(3) 리스크와 핵심 고려사항

불공정 합병은 세무조사 시 가장 먼저, 그리고 가장 깊이 들여다보는 영역 중 하나입니다. 이 전략의 성패는 전적으로 합병 당사법인의 주식 가치 평가에 달려 있습니다. 상증세법 규정에 따른 비상장 주식 평가는 매우 복잡하며, 자의적인 평가가 개입될 여지가 많다고 보기 때문입니다. 따라서 공신력 있는 외부 평가기관의 객관적인 기업가치 평가보고서를 확보하는 것은 최소한의 방어 장치라고 할 수 있습니다. 더 나아가, 합병의 사업적 타당성과 시너지 효과를 입증할 수 있는 구체적인 자료를 철저히 준비해야 세무 리스크를 효과적으로 관리할 수 있습니다.

특정 법인과의 거래를 이용하는 전략
(자녀 소유 법인의 활용)

상증세법 제45조의5 '특정 법인과의 거래를 통한 이익의 증여의제' 규정은 본래 지배주주의 특수관계인이 특정 법인과의 비정상적인 거래를 통해 법인에 이익을 분여하고, 그 이익이 지배주주에게 귀속되는 변칙적인 증여 행위를 과세하기 위해 마련된 제도입니다. 그러나 이 규정의 구조를 역으로 활용하면, 합법적인 틀 안에서 자녀 소유 법인에 상당한 규모의 자금을 지원하는 효과적인 통로가 될 수 있습니다.

특정 법인과 과세 대상 거래의 정의

이 규정을 활용한 절세 전략을 구사하기 위해서는 먼저 과세의 대상이 되는 '특정 법인'의 정의와 '과세 대상 거래'의 범위를 명확히 알아야 합니다.

특정 법인이란, 법인의 지배주주와 그 친족(이하 '지배주주 등')이 직접 또는 간접으로 발행 주식 총수 등의 30% 이상을 보유하고 있는 법인을 의미합니다. 예를 들어, 자녀가 지분 100%를 보유한 법인은 이 요건을 충족하는 명백한 특정 법인에 해당합니다. 이 지분율을 계산할 때 해당 법인이 보유한 자기주식은 발행 주식 총수에서 제외되므로, 실질적인 지배력을 기준으로 판단해야 합니다.

상증세법 제45조의5에서 규정하는 과세 대상 거래는 부모가 자녀 법인에 이익을 제공할 수 있는 구체적인 방법들을 보여줍니다. 주요 유형은 다음과 같습니다.

(1) 재산 또는 용역의 무상 제공

부모가 소유한 부동산을 자녀 법인에 무상으로 사용하게 하거나, 별도의 대가 없이 경영 자문 용역을 제공하는 경우 등이 해당됩니다.

(2) 재산 또는 용역의 저가 양수·고가 양도

자녀 법인이 부모로부터 시가보다 현저히 낮은 가액으로 자산을 매입하거나, 반대로 부모에게 시가보다 현저히 높은 가액으로 자산을 매각하는 거래입니다. 여기서 '현저히'의 기준은 시가와 대가의 차액이 시가의 30% 이상이거나, 그 차액이 3억 원 이상인 경우를 말합니다.

(3) 채무의 면제·인수 또는 변제

부모가 자녀 법인의 채무를 대신 갚아주거나 면제해주는 경우입니다.

(4) 현물출자 시 불공정 가액 평가

자산을 자녀 법인에 현물출자하면서 시가보다 낮은 가액으로 평가해 주식을 배정받는 경우도 포함됩니다.

이러한 거래들은 모두 부모의 부(富)가 자녀 법인으로 이전되는 통로가 될 수 있으며, 세법은 이러한 경제적 이전에 대해 과세의 칼날을 겨누고 있습니다. 하지만 바로 이 규정의 설계 안에 절세의 기회가 숨어 있습니다.

증여의제이익 계산 방법

이 규정의 가장 핵심적인 부분은 증여세를 과세하는 기준입니다. 모든 특정 법인 거래에 대해 증여세가 과세되는 것이 아니라, 법에서 정한 방식으로 계산한 '증여의제이익'이 특정 금액 이상일 때만 과세됩니다. 증여의제이익은 다음과 같은 산식에 따라 계산됩니다.

> 증여의제이익 = [거래이익−법인세 상당액] × 지배주주 등의 주식 보유 비율

(1) 거래이익

재산 증여나 채무 면제의 경우 그 가액 전체, 저가 양수나 고가 양도의 경우 시가와 거래가액의 차액을 의미합니다.

(2) 법인세 상당액

특정 법인이 해당 거래로 인해 얻은 이익에 대해 부담했거나 부담할 법인세액을 의미합니다. 이는 거래이익이 법인의 소득에 포함되어 이미 법인세로 과세된 부분을 이중으로 과세하지 않기 위한 조정 장치입니다.

(3) 주식 보유 비율

자녀 등 이익을 얻은 주주의 지분율입니다.

특정 법인이 자산을 증여받으면 1차로 법인세를 납부하고, 남은 이익에 대해 주주가 2차로 증여세를 납부하는 구조이기 때문에 두 세금의 합계가 자산을 직접 증여받았을 때의 증여세보다 더 커지는 불합리한 상황이 발생할 수 있습니다. 증여세 한도 규정은 이러한 과도한 세 부담을 방지하기 위해 주주가 납부할 증여세액에 '상한선(Cap)'을 다음과 같이 두고 있습니다.

> 최종 납부할 증여세 = min(원칙에 따라 계산한 증여세, 비교과세 한도액)

- 원칙에 따라 계산한 증여세 : 특정 법인의 이익(자산수증이익 – 법인세)에 대해 일반적인 방법으로 계산한 증여세액
- 비교과세 한도액 : 다음의 계산식으로 산출된 금액

  (해당 자산을 직접 증여받았을 경우의 증여세) – (법인이 납부한 법인세 중 주주 지분율 해당분)

특정 법인 활용 전략의 유용성

(1) 1억 원의 마법

이 전략의 핵심 중 하나는 상증세법 시행령 제34조의5 제5항에 있습니다. 이 조항은 위 공식에 따라 계산된 주주 1인당 증여의제이익이 1억 원 이상인 경우에만 증여세를 과세하도록 규정하고 있습니다. 즉, 계산된 증여의제이익이 1억 원 미만이라면, 설령 법인이 부모로부터 상당한 이익을 얻었다 하더라도 자녀 주주에게는 증여세가 한 푼도 부과되지 않습니다. 이것이 바로 '1억 원의 마법'이라 불리는 절세 포인트입니다.

예를 들어, 아버지가 아들이 지분 100%를 보유한 특정 법인에 1억 5,000만 원의 이익을 분여했다고 가정해보겠습니다. 이로 인해 법인이 부담할 법인세 상당액이 3,000만 원이라면, 아들에게 귀속되는 증여의제이익은 '(1억 5,000만 원 – 3,000만 원) × 100% = 1억 2,000만 원'이 됩니다. 이 금액은 1억 원을 초과하므로 증여세 과세 대상이 됩니

다. 하지만 만약 분여한 이익이 1억 2,000만 원이고 법인세 상당액이 2,400만 원이라면, 증여의제이익은 '(1억 2,000만 원 – 2,400만 원) × 100% = 9,600만 원'으로 1억 원 미만이므로 증여세가 과세되지 않습니다. 따라서 이 1억 원이라는 기준점을 잘 활용하면 상당한 규모의 부를 세금 없이 이전하는 것이 가능해집니다.

(2) 향후 합산될 증여재산가액의 감소

이 전략의 추가적 가치는 10년 합산과세 및 상속세까지 고려한 장기적인 관점의 절세 구조를 이해할 때 드러납니다.

만약 부모가 50억 원의 부동산을 자녀에게 직접 증여했다면, 향후 10년간 다른 증여나 상속 발생 시 합산의 기준이 되는 금액은 50억 원 전체입니다. 이 금액은 변하지 않는 기록으로 남아 미래의 세금 계산에 계속해서 영향을 미칩니다.

하지만 특정 법인을 활용하면 이야기가 달라집니다. 아버지가 자녀 소유 법인에 50억 원의 부동산을 증여하면, 법인은 이에 대해 약 10억 원의 법인세를 납부합니다. 그리고 자녀에게 귀속되는 '증여의제이익'은 법인세를 차감한 약 40억 원이 됩니다. 바로 이 40억 원이 세법상 자녀의 증여재산가액으로 기록되어, 미래 합산과세의 기준이 됩니다. 이는 미래에 발생할 또 다른 증여나 상속 시, 과세표준의 시작점 자체를 10억 원만큼 낮추는 중요한 효과를 가져옵니다.

대한민국의 상속·증여세는 누진세율 구조이므로 과세표준이 클수록 더 높은 세율이 적용됩니다. 과세표준의 시작점이 10억 원 낮아진 다는 것은, 추가적인 증여나 상속이 최고세율(50%) 구간에서 이루어질 경우 산술적으로 최대 5억 원의 세금을 절감하는 결과로 이어질 수 있습니다.

(3) 법인자금을 활용한 증여세 납부

고액의 자산을 증여받을 때 수증자가 직면하는 가장 현실적인 문제는 바로 '증여세 납부'라는 현금 부담입니다. 수십억 원에 달하는 증여세를 개인의 자금만으로 마련하는 것은 결코 쉬운 일이 아니며, 이로 인해 증여 계획 자체가 좌초되는 경우도 많습니다.

만약 수증자가 현금을 담고 있는 법인을 소유하고 있다면 특정 법인 활용 증여 전략은 무거운 개인의 자금 부담중 일부를 법인의 현금흐름으로 해결할 수 있는 실용적인 대안을 제시합니다.

법인의 자금을 활용하는 것과 개인의 자금을 활용하는 것 사이에는 큰 차이가 있는데, 그 차이를 만드는 것은 소득세입니다. 법인의 자금을 개인의 자금으로 전환하기 위해서는 배당이든, 급여든 소득세 납부가 필연적으로 따릅니다. 따라서 법인의 자금을 활용하는 것은 개인의 자금을 활용하는 것보다 소득세로 나갈 금액만큼의 세금을 절감할 수 있는 좋은 방법입니다.

특정 법인에 부동산 증여 전략

부동산은 증여재산 중에서도 평가액이 크기 때문에, 직접 증여할 경우 막대한 증여세 부담이 발생하기 쉽습니다. 이러한 경우 이미 설립된 특정 법인이 있다면, 개인 간 직접 증여보다 법인을 활용하는 방식이 훨씬 유리한 선택이 될 수 있습니다.

이제 50억 원 상당의 상가 건물을 자녀에게 이전하는 두 가지 시나리오를 비교해보겠습니다. 이를 통해 부동산을 직접 증여하는 경우와 특정 법인을 활용하는 경우의 세 부담 차이를 분석하고, 특정 법인 활용 전략의 실질적인 효과를 확인해보겠습니다.

사례 **50억 원 상가 증여**

> **기본 상황 설정**
> - 증여재산 : 시가 50억 원의 상가 건물
> - 증여 시점 : 2026년
> - 아들은 최근 10년간 부모로부터 증여받은 재산이 없습니다.
> - 아들은 별도의 법인에서 근무하며, 현재 소득세 과세표준은 1억 5,000만 원입니다.
> - 직접 증여의 경우와 비교할 사례로서 활용될 특정 법인 '○○주식회사'는 아들이 지분 100%를 보유하고 있으며, 다른 특수관계인은 없습니다.
> - 아들은 10.52억 원의 현금을 보유하고 있습니다(초과 세금은 소득으로 조달 필요).

구분	아들에게 직접 증여	아들 소유 법인에 증여
증여재산가액	50억 원	50억 원(법인의 자산수증이익)
법인세 부담(자녀 법인)	-	약 10.23억 원[1]
증여의제이익(자녀)	-	40.7억 원(=50억 원- 9.3억 원)[2]
증여세 과세표준(자녀)	49.5억 원(=50억 원- 0.5억 원)	40.2억 원(=40.7억 원- 0.5억 원)
증여세 부담(아들)	약 19.55억 원[3]	약 10.52억 원[4]
---	---	---
아들의 증여세 순조달 필요액	약 9.03억 원[5]	
소득세포함 급여액	약 14.95억 원[6]	
소득세액	약 5.92억 원[7]	
---	---	---
총 세 부담 합계	25.47억 원(=19.55억 원+ 5.92억 원)	20.75억 원(=10.23억 + 10.52억 원)

1) 법인세 산출 : (50억 원× 19%) - 0.2억 원= 9.3억 원. 지방소득세 10% 포함 시 약 10.23억 원

2) 증여의제이익 : 법인의 수증이익(50억 원)에서 법인세 상당액(9.3억 원)을 차감

3) 직접 증여 시 증여세 : (49.5억 원× 50% - 4.6억 원) × (1-자진신고세액공제3%) = 19.55억 원

4) 특정 법인 활용 시 증여세 : 증여세 한도 규정 적용.
　[Min(산출세액, 직접증여세-법인세)] × (1-3%) = [Min(15.5억 원, 20.15억 원-9.3억 원)] × (1-3%)
　= 10.85억 원× (1-3%) = 10.52억 원

5) 아들 개인부담 증여세 19.55억 원 - 아들의 현금 보유액 10.52억 원 = 9.03억 원

6) 부담할 소득세를 포함해서 산출

7) 14.95억 원에 대해 누진 소득세율 적용해서 계산

　직접 증여의 경우, 아들은 증여세 19.55억 원을 납부하기 위해 다른 법인에서 급여를 받았고, 그 과정에서 약 5.92억 원의 소득세를 추가로 부담해야 했습니다. 이는 세금을 마련하기 위해 다시 세금을 부담해야 하는, 이른바 '세금을 내기 위해 또 다른 세금을 내는' 구조적 비효율을 보여주는 사례입니다.

반면, 특정 법인을 활용한 증여 전략은 이러한 악순환을 원천적으로 차단합니다. 개인에게 소득을 귀속시키지 않으면서 증여세 재원을 마련할 수 있기 때문에, 개인의 소득세 부담을 최소화한 상태에서 증여세 문제를 해결할 수 있는 효율적인 방식이라 할 수 있습니다.

또한 향후 아들이 추가적인 증여나 상속을 받게 될 경우, 특정 법인을 활용하면 상속·증여세 합산 과세 대상 금액은 40.7억 원에 그치지만, 직접 증여 방식으로 진행할 경우에는 50억 원이 합산 과세 대상이 됩니다.

특정 법인 활용 전략은 상속, 증여세의 합산 과세액 축소, 자금 조달 비용의 감소, 부담 세액 경감 등 여러 면에서 아주 유용한 실질 절세 수단이라 할 수 있습니다. 따라서 고액의 부동산을 증여할 계획이 있는 자산가는 수증자의 자금 동원 능력과 현행 소득세 및 증여세 체계를 면밀히 검토해, 특정 법인을 활용한 증여 방식을 적극적으로 고려할 필요가 있습니다.

특정 법인에 가수금 대여 전략

특정 법인 가수금 대여 전략은 특정 법인과의 거래에 따른 증여의제 규정에서 정한 '1억 원 비과세 한도'를 가장 직접적이고 효과적으로 활용하는 방식입니다. 부모가 자녀가 지배하는 법인에 무이자 또는 저리로 자금을 대여(가수금 형태)해 법인의 운용자금을 지원하는 구조입니다.

(1) 개인 간 대여와의 비교

이 전략의 실질을 이해하려면, 부모가 자녀 '개인'에게 자금을 대여하는 경우와 자녀 '법인'에 대여하는 경우를 나누어, 세법상 취급이 어떻게 달라지는지를 비교해볼 필요가 있습니다.

① 부모 → 자녀 개인 대여(상증세법 제41조의4)

부모 자식 간 금전 대여는 원칙적으로 증여로 추정됩니다. 이를 대여로 인정받으려면 공증된 차용증, 실제 이자 지급 내역 등 엄격한 증빙이 필요합니다. 세법상 적정 이자율은 연 4.6%이며, 무이자로 빌려줄 경우, '실제 지급 이자와 적정 이자의 차액'이 증여재산으로 간주됩니다. 결정적으로, 이 이자 차액이 연간 1,000만 원을 초과하면 증여세가 과세됩니다.

② 부모 → 자녀 법인 대여(상증세법 제45조의5)

반면, 부모가 자녀의 특정 법인에 돈을 빌려주는 것은 '특정 법인과의 거래'에 해당합니다. 여기서 발생하는 이익은 법인의 이익으로 먼저 귀속된 후, 법인세 등을 차감한 금액이 주주의 '증여의제이익'으로 계산됩니다. 그리고 이 증여의제이익이 연간 1억 원 미만일 경우 증여세가 과세되지 않습니다.

이처럼 비과세 기준 금액이 개인 간 거래(1,000만 원)와 특정 법인 거래(1억 원) 사이에 10배나 차이가 나기 때문에, 법인을 통해 자금을 지원하는 것이 훨씬 유리합니다.

(2) 적정 대여금액 계산

그렇다면 자녀 법인에 증여세 없이 무이자로 빌려줄 수 있는 최대 금액은 얼마일까요? 증여의제이익이 1억 원 미만이 되도록 하는 대여금을 역산하면 됩니다. 법인세 차감 효과 등 다른 요소를 단순화하고 이자 이익만 고려했을 때, '대여금 × 4.6% < 1억 원'이라는 부등식을 풀면 됩니다.

$$\text{대여금} < 1\text{억 원}/0.046 \approx 21\text{억 }7{,}391\text{만 원}$$

따라서 이론적으로 약 21억 7,000만 원까지는 자녀 법인에 무이자로 대여하더라도 자녀 주주에게 증여세가 과세되지 않을 수 있습니다. 이는 자녀에게 직접 2억 1,700만 원을 무이자로 빌려주면 발생하는 이자 이익(약 998만 원)이 1,000만 원 미만이라 과세되지 않는 것과 유사한 논리지만, 그 규모가 10배에 달하는 것입니다.

구분	부모 → 자녀 개인 대여	부모 → 자녀 법인 대여
관련 법규	상증세법 제41조의4(금전 무상대출 등에 따른 이익의 증여)	상증세법 제45조의5(특정 법인과의 거래를 통한 이익의 증여의제)
과세 대상	적정 이자(4.6%)와 실제 이자의 차액	[거래이익 − 법인세 상당액] × 지분율
법정 이자율	연 4.6%	연 4.6%(거래이익 산정 시 적용)
비과세 기준	연간 이자 차액 1,000만 원 미만	주주별 증여의제이익 1억 원 미만
무이자 대여 한도액 (근사치)	약 2억 1,700만 원	약 21억 7,000만 원

(3) 리스크와 유의사항

가수금 활용 전략은 매우 강력하지만, 몇 가지 유의사항이 따릅니다.

첫째, 자녀 법인은 부모로부터 이자를 지급하지 않았더라도 세무상으로는 연 4.6%의 이자수익이 발생한 것으로 보아 이를 익금에 산입(수입으로 처리)하고 법인세를 납부해야 합니다. 즉, 주주의 증여세는 없지만 법인의 법인세 부담은 발생합니다.

둘째, 이 거래가 진정한 대여임을 입증하기 위해 반드시 금전소비대차 계약서를 작성하고, 계약서에 명시된 상환 계획에 따라 원금을 실제로 상환하는 모습을 보여주어야 합니다. 만약 상환 의사나 능력이 없는 명목상의 대여라면 과세당국은 이를 사실상의 증여로 보아 증여세를 과세할 수 있습니다.

PART 04

상속과 승계를 둘러싼 핵심 이슈들

가업승계 중 발생하는 가족 갈등,
어떻게 피할 것인가

　가족 간 갈등의 유형에는 여러 사유가 있지만, 대부분 상속인 간의 경제적 이해관계, 감정적 요인, 의사소통 부재, 법적·제도적 문제 등으로 한 가지 요소보다는 여러 가지 요소가 복합적으로 얽혀 있는 경우가 많습니다.

　다양한 경우의 수가 있으나 여기에서는 후계자 선정으로 인한 갈등, 경영 범위 차이로 인한 갈등, 지분 배분에 대한 불만족으로 인한 갈등, 1세대 퇴진 거부로 인한 갈등 등으로 나타나는 경우에 대해 알아보고자 합니다.

후계자 선정 갈등

(1) 에피소드 1

가족기업 A사는 아버지가 설립한 중견 제조업체로, 두 아들이 있었습니다. 아버지는 생전에 장남에게 일부 주식을 증여하고, 차남은 회사 경영을 실질적으로 맡아 사업을 키워왔습니다. 그러다 아버지가 사망하면서 장남은 "아버지가 생전에 나를 후계자로 지정했다"라며 대표이사 지위 확인 소송을 제기했고, 차남은 "실질적으로 회사를 운영해온 것은 나이며, 장남은 경영 능력도, 직원 신뢰도도 없다"라고 주장했습니다.

해설

서울고등법원은 "가업의 승계는 단순한 상속이 아니라 경영 승계의 성격이 강하다"라며 다음 기준을 중심으로 판단했습니다.

- 실제 회사 경영에 참여한 사람인가
- 직원과 거래처의 신뢰를 얻고 있는가
- 피상속인의(아버지의) 의사를 객관적으로 입증할 수 있는가
- 주식 및 의결권의 분포가 어떻게 되어 있는가

결국 법원은, 장남은 형식적인 주식 보유자에 불과했고, 차남은 실질적 경영권과 신뢰를 이미 확보한 상태였으므로, 차남이 후계자로서 경영권을 유지하는 것이 타당하다고 판단했습니다.

즉, 단순히 장남이라는 이유나 명목상 주식 보유만으로는 후계자가 될 수 없다는 법적 판단이 내려진 것입니다.

경영권 승계는 민법상 상속 문제이면서도 상법상 '지배권 분쟁'이 될 수 있습니다. 단순한 가족 관계보다 실질적인 경영 참여 및 공로를 중요하게 여깁니다. 순조로운 경영권 승계를 위해 가족 간의 대화와 협의를 통해 가업승계 시 주식을 사전에 분배하고, 대표이사를 지명하되 금전적인 보상을 미리 합의하는 내용을 포함한 유언장을 작성하거나 유언대용신탁을 활용해서 상속재산에 대한 수익자를 명확히 해두는 것이 중요합니다.

(2) 에피소드 2

피상속인(부모)이 운영하던 중소기업의 주식을 장남 명의로 이전하면서 "가업을 이어가라"라는 말을 남겼습니다. 그런데 나중에 다른 자녀들이 "그건 단순한 명의신탁이다"라며 명의신탁 해지 및 주식 반환 소송을 제기했습니다.

법원의 판단 대법원 2013다218156 판결

대법원은 '실질적으로 주식의 소유 의사가 누구에게 있었는지'를 중점적으로 보고 있습니다.

- 장남이 주식을 관리·운영하고 배당을 받아 사용했다면, 실질 소유자는 장남으로 봤습니다.
- 하지만 장남이 아버지의 지시에 따라 주식만 보유하고, 회사 경영에는 관여하지 않았다면, 이는 명의신탁에 불과하다고 판단했습니다.

이 사건에서는 장남이 경영에 거의 관여하지 않았고, 주식 관련 결정을 모두 아버지가 했기 때문에 법원은 '실질적인 소유자는 아버지'로 보고, 다른 상속인들의 청구를 일부 인정했습니다.

가업승계 시 단순히 '주식을 누구 명의로 해두었다'라는 사실만으로는 법적 소유권이나 후계자 지위를 인정받기 어렵습니다. 실질적인 경영 참여가 중요하며, 명의신탁 형태로 승계할 경우, 세금 문제와 소유권 분쟁이 발생할 수 있습니다. 따라서 가업승계 신탁 계약서, 유언장, 주주협약서 등으로 법적 관계를 명확히 해두어야 합니다.

(3) 에피소드 3

남편이 회사를 운영하던 중, 장남에게 회사 지분을 넘겨주며 "앞으로 네가 대표를 맡아라"라고 했습니다. 그러나 남편이 사망하자 아내(배우자)가 배제된 것은 부당하다며, 상속재산 분할 소송을 제기했습니다.

법원은 가업승계는 상속재산 분할의 한 형태이지만, 법정상속분을 완전히 무시한 후계자 지정은 효력이 없다고 봤습니다. 즉, 가업을 승계할 자녀를 지정할 수는 있으나, 다른 상속인의 몫을 침해하지 않는 범위 내에서만 가능하다는 입장입니다(대법원 2014. 11. 13. 선고 2013다 218156 판결).

가업승계 계획을 세울 때 배우자나 다른 자녀의 상속권을 고려해야 합니다. 즉, 후계자 1인에게 주식을 몰아줄 경우, 다른 상속인의 유류분만큼 보전 조치를 해야 하는 것입니다.

'특정 자녀에게만 회사 지분을 몰아주는' 방식은 유류분 반환청구소송으로 이어질 수 있으므로 사전에 가족 간 협의와 변호사, 공인회계사 등의 법률적 조언이 필수입니다.

경영 참여 범위 갈등

(1) 에피소드

B씨의 장녀는 B씨가 운영하고 있는 가업에서 5년 전부터 일하고 있었고, 차남은 외국에서 다른 직업을 갖고 있었습니다. 가업승계 시점에 차남이 돌아와 공동경영을 요구해 장녀 및 기존 임직원과 갈등을 빚고 있습니다. 장녀는 차남의 요구에 어떻게 대응해야 할까요?

이는 자녀의 경영 참여 시기와 기여도에 대한 인식 차이로 인한 갈등으로, 가업 내부의 경력과 외부 경력 인정 여부가 관건이며, 가족 간의 소통 부재가 만들어낸 법률 사건입니다.

피상속인이 생전에 특정 자녀에게만 재산을 몰아주거나 유언으로 전부를 1명에게 승계시키는 경우, 다른 상속인의 법정상속분(또는 유류분)

을 완전히 무시하면 그 부분은 효력이 없다고 판시한 판례가 있습니다(대법원 2011다31851(공동대표이사 권한 관련 분쟁)).

결국, 형제가 공동대표를 맡았으나 업무 중복과 책임 미비로 심각한 경영 갈등은 지속되었고, '대표이사 간 권한 범위 명확화가 필요하다'라고 판시했습니다. 동일한 권리를 가지고 있는 자녀이므로 상호합의를 통해 해결하도록 한 것입니다.

상호합의를 위해서 양자는 직책, 보수, 역할 분담이 명확하게 구분된 경영 참여 협약서를 작성하고, 직무평가기준을 설정하고, 가족 외 경영진을 선임하는 등의 방안을 검토하도록 했습니다.

시사점

가업을 승계하는 과정에서 가업 경영에 참여하는 경우에도 피상속자의 배우자나 자녀의 상속권을 고려해야 합니다. 즉, 가족 간에 경영 참여 협약서를 작성하되 단독대표자를 선정하고, 이 외의 상속인들에게 적정한 보상을 하거나 공동대표자를 선정하고, 역할을 사전에 분담시키는 조치를 해야 하는 것입니다.

지분 배분 갈등

(1) 에피소드

아버지 C씨는 C씨의 장남에게 경영권을 넘기면서 대부분의 주식을 장남에게만 증여하고, 다른 자녀들에게는 아무런 증여도 해주지 않았습니다. 이에 다른 가족들은 부의 배분이 불공정하다고 주장하며 소송을 제기했습니다. 보수적인 1세대와 혁신지향 2세대의 충돌로서 세대 간 경영 철학 차이로 인해 발생한 사건이라 볼 수 있습니다.

최근에는 유류분 승계를 대부분 알고 있기 때문에 이러한 경우는 흔치 않지만, 가부장적인 집안 내력을 중시하는 경영자는 여전히 이러한 판단을 내릴 수 있습니다. 이는 기본적인 법적 절차를 미준수한 사례입니다. 이에 법원은 장남에게만 주식을 증여하고 차남, 삼남은 현금 상속을 예정했지만, 차남이 '지나치게 불공정한 분배'라며 증여 무효를 주장했고, 지분의 일부를 조정하라는 판결로 마무리되었습니다(서울중앙지방법원 2016가합538183(지분 편중 증여 무효소송))

지분과 경영권 모두를 분리하는 원칙을 도입해서 회사 경영은 장남이 하되, 차남과 삼남에게는 회사 지분을 균등하게 분배하는 한편, 현금 보상을 확대해서 증여하도록 하는 가업승계신탁을 설계하는 것이 좋습니다. 이를 통해 가족 간 합의를 이끌어내고, 사전 증여와 사후 상속을 조화를 이루어내야 합니다.

배우자(며느리·사위) 개입

(1) 에피소드

장남의 부인이 회사의 의사결정에 간섭하면서, 친가족 내 다른 자녀들과 마찰이 발생했고, 인사 처리 문제와 이익 분배 문제로 갈등이 격화된 사례입니다. 이는 가족 외부인의 지나친 개입과 '가문' vs '가족' 세력 간의 충돌, 가족과 회사의 경계가 없는 상황이었습니다.

해설

며느리가 인사·재무에 과도하게 개입하며 내외부 반발을 유발했고, 장녀 측이 개입 금지를 청구한 것에 대해 법원은 '명시적 권한이 없으면 관여 불가하다'라고 판단했습니다(부산지방법원 2019가합21805(경영권 방해 행위 금지 청구)).

시사점

가족규범 헌장을 제정해서 가족 구성원 경영 참여 기준을 명시하고, 사위·며느리 등 상속인의 배우자에 대한 관리 규정을 수립하고 이해충돌 방지 정책을 마련해야 합니다. 가족규범 헌장을 통해 배우자 및 2세대 이해관계자를 교육하고, 가족 내의 거버넌스 해결을 위한 위원회를 마련하는 방안도 있습니다.

1세대의 퇴진 미루기

창업자가 명목상 퇴진했지만, 실질적인 권한을 계속 행사하려는 경우는 적지 않습니다. 반면 2세 경영자는 자율적인 경영권 이양을 요구하지만, 매번 거부당하면서 경영진과 조직 전체에 혼란이 발생하는 사례가 반복되고 있습니다. 이는 창업자의 권력 유지 욕구와 2세에 대한 불신으로 인해 적절한 승계 시점을 지속적으로 놓치고 있는 전형적인 상황이라 할 수 있습니다. 이러한 세대 간 가치관 충돌로 인한 이사회 파행 사례가 다수 발생하고 있는 것이 현실입니다. 특히 기술집약적 산업에서 그 갈등이 더욱 두드러집니다. 과거 해당 업종의 '장인'으로 성장해온 1세대 경영자와, IT·디지털 기반의 경영 마인드를 갖춘 2세대 간의 인식 차이가 핵심적인 갈등 요인으로 작용합니다.

실제 판례를 보면, 창업주가 퇴진하지 않고 경영에 개입하면서 형식적 대표와 갈등이 발생하고 있고 "이사회 결의로 경영권은 위임되었고, 실제 관여는 부당하다"라고 판결하고 있습니다(서울고등법원 2015나2023140(명의상 대표자와 실질적 대표자 간 분쟁)).

시사점

여기서는 점진적 승계 플랜에 대한 컨설팅이 필요할 것입니다. 처음에는 공동경영을 하고, 이후 1선에서 물러나 명예회장제를 통해 실질적인 권력을 완전 이양하는 방안도 고려할 수 있습니다. 이를 위해 과거에 창업주 주위에 공동 운영진을 만나 상황을 설명하고, 1세대 경영진의 이해를 구하는 것이 좋습니다. 거창하게는 창업주 자문위원회를 만들고, 그러한 분위기 조성을 유도하는 것도 하나의 방안입니다. 한편, 여러 기관에서 개최하는 2세대 리더십 코칭 코스도 제안할 수 있을 것입니다.

상속·증여 이후의
세무 리스크 관리

가업을 물려받은 2세 경영인 A씨의 이야기입니다.

A씨는 가업상속공제를 받기 위해 아버지가 돌아가시기 2년 전부터 회사에 재직했습니다. 처음에는 회사 일에 큰 관심이 없었지만, 세무 컨설팅을 통해 꼼꼼히 요건을 맞춰두었고, 상속세 신고기한까지 상무이사로 취임했습니다. 상속세 신고기한이 지난 후에는 대표이사로 승진하면서, 가업상속공제의 핵심 요건인 '상속인의 경영 참여 요건'도 모두 충족하게 되었습니다.

상속세 신고와 납부 과정도 순조로웠습니다. 친한 공인회계사의 조언에 따라, 가업승계로 받은 재산 중 40% 이내 범위에서 비영업용 부동산 일부를 처분해 상속세 납부에 필요한 현금을 마련했습니다. 아버지에게서 물려받은 회사 주식은 가업상속공제 사후관리 요건에 맞춰 한 주도 팔지 않고 그대로 보유하고 있습니다.

회사 경영도 생각보다 잘 굴러갔습니다. 아버지 때부터 일해온 베테랑 임원진들이 회사를 안정적으로 운영해주었고, 직원 급여도 조금씩 올려주니 정규직 근로자 수와 총급여 수준도 공제 요건에 맞게 잘 유지되었습니다. 어느 정도 경영 상황이 눈에 들어오기 시작하자 A씨는 문득, '이제 진짜 내 회사구나' 하는 생각이 들었습니다.

그때부터 문제가 시작되었습니다.

A씨는 자신과 가족 명의로 법인카드를 여러 장 발급받아 개인적인 식비, 쇼핑, 여행 경비를 결제하기 시작했습니다. 거래처 접대를 명목으로 해외 출장에 배우자를 동행시키고, 현지에서 명품을 구매한 뒤 영수증은 모두 '접대비'로 처리했습니다.

또한, 회사가 과거 경매로 취득해 보유하고 있던 아파트를 리모델링해 아들 B의 신혼집으로 쓰게 하고, 관리비와 수선비 등 유지비 전부를 회사 경비로 처리했습니다. '어차피 회사 명의 부동산이고, 내가 주인인데 비용도 회사가 내는 게 맞지'라고 단순하게 생각한 것입니다.

인정에도 끌렸습니다. 대기업 구조조정으로 나온 친구 C를 실제 근무 없이 영업직 직원으로 등록해 급여를 지급하고, 이를 인건비로 비용 처리했습니다. '어려운 친구를 잠시 도와주는 건데 그 정도야 뭐'라는 안일한 생각이었습니다.

마지막으로, 소득세 최고세율(49.5%)이 부담되어 "급여나 상여보다 퇴직금으로 받는 것이 세금 측면에서 유리하다"라는 조언을 듣고, 주주총회에서 임원 퇴직금 지급 규정을 개정해 지급 한도를 크게 올린 뒤 중간정산으로 거액의 퇴직금을 받았습니다.

A씨는 이렇게 확보한 현금을 기반으로, '이제야 진짜 부자 상속인의 삶을 즐길 수 있겠다'라고 생각했습니다. 하지만 국세청의 시각은 전혀 달랐습니다.

해설 : 가업승계 이후 대표가 가장 많이 빠지는 함정들

A씨는 가업상속공제를 잘 활용해 상속세 부담을 줄이는 데는 성공했습니다. 하지만 그 이후 회사와 본인의 관계를 '공과 사의 엄격한 구분'이 아닌 '내 돈이니 내 마음대로'라는 감각으로 보기 시작한 것이 문제의 출발점입니다.

대표적인 리스크를 하나씩 짚어보겠습니다.

(1) 법인카드와 접대비의 사적 사용

가족 식사, 개인 쇼핑, 여행 경비, 배우자 동반 해외 여행과 명품 구매 등을 모두 접대비나 업무추진비로 처리하는 경우입니다. 실질적으로는 대표이사의 개인 소비에 불과하지만, 장부에는 버젓이 법인 비용으로 계상됩니다.

(2) 회사 명의 자산의 무상 사용

회사 소유 아파트나 오피스텔을 대표자 가족의 주거용으로 사용하면서 관리비와 수선비를 모두 법인 경비로 처리하는 사례입니다. 회사 업무와 무관한 사용이라면, 이는 '업무무관자산 사용' 또는 '대표자에게 제공한 사택·편익'으로 보아 소득처분 될 수 있습니다.

(3) 가공·허위 인건비 계상

친구 C처럼 실제로 회사에 출근하지 않는 사람을 직원으로 등록해 급여를 지급하거나, 가족·친인척을 형식상 사원으로 올려놓고 급여를 지급하면서 실제 근무 사실을 입증할 자료(4대 보험, 출퇴근 기록, 업무보고 등)를 전혀 남기지 않는 경우입니다.

(4) 퇴직금 중간정산의 남용

임원 퇴직금 지급 규정을 인위적으로 손봐 퇴직금을 과도하게 산정하고, 현실적으로는 계속 근무하면서 퇴직금을 미리 빼내는 형태입니다. 형식상으로는 퇴직금이지만, 실질적으로는 상여 또는 가지급금으로 보아 과세될 위험이 큽니다.

이러한 행위들이 세무조사에서 적발되면 그 대가는 혹독합니다. 법인세 측면에서는 사적 비용과 가공 인건비가 손금불산입(비용 인정 배제) 처리되어 그만큼 법인세를 더 내야 합니다. 대표자 개인 소득세 측면에서는 손금불산입된 금액이 보통 대표자에 대한 상여·배당·기타소득 등으로 소득처분되어 종합소득세와 주민세 폭탄을 맞게 됩니다. 여기에 과소신고가산세, 납부불성실가산세 등 각종 가산세가 덧붙습니다.

더 나아가 대표이사에게 사실상 빌려준 돈으로 보아 업무무관 가지급금으로 처리되면 인정이자 계산, 이자 상당액의 손금불산입 등 추가적인 세무 불이익이 꼬리에 꼬리를 물고 이어집니다.

가업을 잘 물려받는 것만큼 중요한 것은, '그 이후 회사를 어떻게 쓰는가'입니다. 가업승계 후 10년은 상속세 및 가업상속공제 사후관리뿐만 아니라, 대표자의 세무 리스크 관리 측면에서도 가장 민감하고 중요한 시기입니다.

세무조사 대응을 위한 기본 방어체계

세무조사 리스크를 줄이기 위해서는 평소에 '세무조사를 염두에 둔 문서화와 증빙 관리'를 습관화하는 것이 최선의 방어입니다.

(1) 지출 전 결재와 지출 후 문서화

지출 전에는 계약서, 견적서, 발주서 등 사전 결재 증빙을 확보하고 결재선과 승인권자를 명확히 해야 합니다. 지출 후에는 세금계산서, 카드매출전표, 현금영수증 등 적격증빙을 챙기는 것은 기본이고, 영수증 적요란에 구체적인 사용처와 목적을 기재해야 합니다. 출장비라면 출장보고서와 일정표, 사진 등을, 접대비라면 참석자 명단과 회의 자료 등을 함께 보관하는 것이 좋습니다.

(2) 회의록과 규정으로 '기준' 만들기

이사회나 주주총회 의사록에 임원 보수, 성과급, 퇴직금 규정과 사용 가능한 업무추진비·접대비의 범위를 명시해두어야 합니다. 또한 정관이나 전결규정, 비용 지출규정 등에 지출 한도와 승인 절차, 법인 자산 사용 기준을 명확히 해두면, 세무조사 시 '대표가 임의로 쓴 돈'이 아니라 '회사의 기준에 따른 정당한 집행'임을 설명할 수 있는 근거가 됩니다.

(3) 업무용·사적 지출의 구분 관리

법인카드 사용내역을 업무용과 사적용으로 분기별로 점검하고, 사적 지출로 보이는 항목은 미리 급여나 상여로 처리해두는 것이 안전합니다. 또한 접대비, 지급수수료, 광고선전비 등이 동종 업종 평균 대비 지나치게 크지 않은지 정기적으로 확인하고 관리하는 노력이 필요합니다.

국세청의 PCI와 자금 출처 조사, 어떻게 대비할 것인가

이제 국세청은 더 이상 '장부를 일일이 손으로 들춰보는' 수준이 아닙니다. 소득, 재산, 소비 데이터를 통합 분석하는 PCI(소득-지출 분석) 시스템을 통해 탈루 혐의자를 자동으로 선별합니다.

개념은 간단하지만 강력합니다. '재산 증가액 + 소비 지출액 − 신고 소득 = 설명되지 않는 돈'이라는 공식입니다. 여기서 설명되지 않는 돈은 잠재적인 탈루 소득이나 불법 증여 자금으로 간주됩니다.

예를 들어, 5년간 신고 소득 합계가 3억 원인 사람이 같은 기간 10억 원짜리 아파트를 사고 카드와 현금영수증으로 2억 원을 썼다면 어떨까요? '10억 원(재산 증가) + 2억 원(소비) − 3억 원(신고 소득) = 9억 원'이라는 계산이 나옵니다. 이 9억 원이 바로 자금 출처 조사나 종합세무조사의 트리거가 됩니다.

이에 대응하기 위해서는 소득과 지출의 균형 관리가 필수입니다. 소득 신고는 최소화하면서 고가 자산을 취득하고 과도한 소비를 지속하는 것은 '나를 조사해달라'라고 손을 드는 것과 같습니다. 또한 상속·증여로 받은 금융자산, 과거 신고 소득에서 저축해둔 자금, 부동산 처분대금 등 합법적인 자금 원천에 대한 증빙을 미리 준비해두어야 합니다.

자금 출처 조사 면제 기준과 '입증 비율' 이해하기

자녀가 집을 사거나 전세를 얻을 때 국세청이 "그 돈 어디서 났니?"라고 묻는 것이 자금 출처 조사입니다. 하지만 국세청 행정력의 한계로 모든 건을 조사할 수는 없기에, 실무상 조사 대상에서 제외하는 기준과 입증 비율이 운용되고 있습니다.

(1) 자금 출처 조사 배제 기준(면제 한도)

연령과 세대주 여부에 따라 일정 금액 이하의 자금에 대해서는 원칙적으로 자금 출처 조사를 하지 않습니다(단, 명백한 타인 자금 유입이 확인되면 예외). 예를 들어, 30세 이상 세대주라면 주택 취득 시 1억 5,000만 원, 40세 이상 세대주라면 3억 원까지는 자금 출처를 묻지 않는 식입니다. 하지만 이 기준에 미달하더라도 PCI 분석에서 혐의가 짙으면 언제든 조사 대상에 오를 수 있음을 유의해야 합니다.

(2) 자금 출처 입증 비율(소위 '80% 룰')

조사 통지를 받았다고 해서 취득 자금의 100%를 모두 소명해야 하는 것은 아닙니다. 취득가액이 10억 원 미만인 경우에는 전체 자금의 80% 이상만 소명하면 나머지 20%는 입증하지 못해도 넘어갑니다. 10억 원 이상인 경우에는 '취득가액 − 2억 원'에 해당하는 금액만 소명하면 됩니다. 핵심은 '모든 돈을 완벽히 설명하느냐'가 아니라 '세법이 요구하는 최소 기준만큼은 설명할 수 있느냐'입니다.

가족 간 차용증, '진짜 빌린 돈'으로 인정받으려면

부모가 자녀에게 부족한 자금을 지원할 때 가장 많이 쓰는 방법이 '빌려준 것으로 하자'라는 차용증 전략입니다. 그러나 세법상 부모와 자식 간 금전 거래는 원칙적으로 증여로 추정됩니다. 이를 뒤집고 '대여'로 인정받으려면 형식·내용·이행의 세 박자가 모두 맞아야 합니다.

(1) 형식

조사 직전에 급하게 쓴 차용증은 신뢰받지 못합니다. 작성 시점에 공증을 받거나 우체국 내용증명을 보내거나, 전자계약 시스템을 활용해 작성 일자와 내용을 객관적으로 고정해두어야 합니다.

(2) 이자 지급

차용증만 쓰고 이자를 한 번도 주지 않으면 거의 100% 증여로 봅니다. 세법상 적정 이자율(연 4.6%)과 실제 지급 이자를 비교해 차액이 너무 크면 증여로 봅니다. 이자는 반드시 자녀 계좌에서 부모 계좌로 이체된 금융 기록을 남겨야 합니다. 단, 적정 이자와 실제 이자의 차액이 연 1,000만 원 미만이면 증여세를 과세하지 않는 예외가 있어, 이를 역산하면 약 2억 원대 초반까지는 무이자 대여도 가능할 수 있습니다.

(3) 원금 상환

만기가 되었는데도 원금 상환 없이 만기 연장만 계속 반복된다면 국세청은 결국 증여로 볼 가능성이 높습니다. 일정 금액씩이라도 원금이 실제로 상환되고 있다는 내역을 남겨두는 것이 중요합니다.

마무리 요약 : 리스크의 시대에는 '증빙'이 최고의 방패

'가족이니까 괜찮겠지', '내 회사 돈이니까 내가 좀 쓰는 건데 뭐 어때'라는 안일한 생각은 국세청의 PCI 시스템과 세무조사관 앞에서는 통하지 않습니다. 국세청 시스템은 감정이 아니라 차가운 데이터로 판단합니다.

상속·증여 이후 10년은 가업상속공제 사후관리, 대표이사의 사적 사용 리스크, 자녀의 자금 출처 조사 리스크가 한꺼번에 교차하는 가장 위험한 시기입니다. 따라서 여러분의 방패도 막연한 낙관이 아니라 계약서, 회의록, 영수증, 계좌이체 내역, 내부 규정과 같은 객관적인 증빙과 시스템이어야 합니다.

상속·증여의 설계가 '전반전'이라면, 그 이후의 세무 리스크 관리는 '후반전'입니다. 전반전에 잘 싸워놓고 후반전에 역전당하지 않도록, 지금부터 회사와 가정의 세무 리스크를 꼼꼼히 점검해보시기 바랍니다.

유언 :
분쟁을 막는 최후의 안전장치

왜 유언장을 작성해야 하는가 :
'유언 부재'가 낳는 혼란

많은 자산가들이 '가족끼리 알아서 잘 협의하겠지'라는 막연한 믿음으로 유언 작성을 미루는 경향이 있습니다. 그러나 이러한 믿음은 피상속인 사망 후, 남은 가족들을 극심한 혼란과 갈등으로 몰아넣는 가장 큰 원인이 됩니다. 유언이 없는 상속 절차는 필연적으로 다음과 같은 문제에 직면합니다.

(1) 분할 협의의 난항과 시간 지연

유언이 없으면 모든 상속재산은 상속인 전원의 '협의'에 의해서만 분할이 가능합니다('민법' 제1013조). 단 1명의 상속인이라도 동의하지 않으면 재산 분할은 불가능하며, 이는 필연적으로 가정법원의 상속재산분할 심판 청구라는 길고 고통스러운 법적 다툼으로 이어집니다. 이 과정에서 상속세 신고기한(6개월)을 넘겨 가산세를 부담하는 경우가 비일비재합니다.

(2) 감정의 개입과 관계 파탄

재산 분할 협의는 단순한 수학적 계산이 아닌 각자의 기여도, 서운함, 기대심리 등 복잡한 감정이 개입되는 과정입니다. 피상속인의 명확한 가이드라인이 없는 상태에서 상속인들은 각자의 입장에서 '공평'을 주장하게 되고, 이는 결국 돌이킬 수 없는 가족 관계의 파탄으로 이어지곤 합니다.

(3) 경영권의 위기(가업승계 시)

가업승계 기업에서 유언의 부재는 치명적입니다. 후계자에게 의결권 있는 주식을 집중시키려는 피상속인의 의도가 법적으로 명확히 표현되지 않으면, 모든 상속인이 법정상속분대로 주식을 나누어 갖게 됩니다. 이는 후계자의 경영권을 심각하게 위협하고, 최악의 경우 비후계자 상속인이 자신의 지분을 경쟁사나 사모펀드에 매각해 회사의 존립 자체가 위태로워질 수 있습니다.

유언은 단순히 재산을 나누는 기술적인 행위가 아닙니다. 이는 남은 가족들에 대한 마지막 배려이자, 평생 일군 기업과 자산을 분쟁으로부터 지키는 최후의 안전장치입니다.

민법상 유언의 다섯 가지 방식과 법적 효력

우리 '민법'은 유언의 법적 안정성을 확보하기 위해 매우 엄격한 요식성(要式性)을 요구합니다. 법이 정한 다섯 가지 방식 중 하나를 따르지 않은 유언은 전부 무효입니다.

'민법' 제1060조(유언의 요식성)
유언은 본법의 정한 방식에 의하지 아니하면 효력이 생하지 아니한다.

(1) 자필증서에 의한 유언(민법 제1066조)

유언자가 그 내용 전부, 작성 연월일, 주소, 성명을 직접 쓰고 날인해야 합니다.

- 장점 : 비용이 들지 않고, 언제 어디서든 간편하게 작성할 수 있으며, 유언의 존재와 내용을 비밀로 유지하기 용이합니다.
- 단점 : 법적 요건(주소, 날인 등)을 하나라도 누락하면 무효가 될 확률이 매우 높습니다. 또한, 분실이나 위변조의 위험이 크며, 사후에 상속인들이 유언의 진위 여부를 다툴 가능성이 있습니다.

(2) 공정증서에 의한 유언(민법 제1068조)

유언자가 증인 2명이 참여한 공증인의 면전에서 유언의 취지를 말하고, 공증인이 이를 필기·낭독해 유언자와 증인이 그 정확함을 승인한 후 각자 서명 또는 기명날인합니다.

- 장점 : 법률 전문가인 공증인이 요건을 검토하므로 무효가 될 가능성이 거의 없습니다. 원본이 공증사무소에 보관되어 위변조나 분실의 위험이 없고, 사후에 법원의 검인(檢認) 절차를 거칠 필요가 없어 신속한 집행이 가능합니다. 가장 확실하고 안전한 방식입니다.

- 단점 : 공증 비용이 발생하며, 유언의 내용이 증인에게 공개된다는 단점이 있습니다.

(3) 비밀증서에 의한 유언(민법 제1069조)

유언자가 유언의 내용을 작성한 서면에 기명날인한 후, 이를 봉투에 넣어 봉인하고 날인합니다. 이후 증인 2명 이상의 면전에 봉투를 제출해 자기의 유언서임을 표시하고, 그 봉투 표면에 제출 연월일을 기재하고 유언자와 증인이 각자 서명 또는 기명날인합니다. 이 서류는 5일 이내에 공증인 또는 법원서기에게 제출해 확정일자를 받아야 합니다.

- 장점 : 유언의 내용을 사망 시까지 비밀로 유지할 수 있습니다.

- 단점 : 절차가 매우 복잡하고, 요건을 갖추지 못해 무효가 될 위험이 큽니다. 실무상 거의 활용되지 않습니다.

(4) 구수증서에 의한 유언(민법 제1070조)

질병 기타 급박한 사유로 다른 방식의 유언이 불가능할 경우에만 예외적으로 허용됩니다. 유언자가 증인 2명 이상의 참여로 그 1인에게 유언의 취지를 말하고, 그 말을 들은 자가 이를 필기·낭독해 유언자와 다른 증인이 그 정확함을 승인한 후 각자 서명 또는 기명날인합니다.

- 특징 : 급박한 사유가 종료한 날로부터 7일 이내에 법원에 검인을 신청해야 합니다. 임종 직전 등 매우 예외적인 상황에서만 사용됩니다.

(5) 녹음에 의한 유언(민법 제1067조)

유언자가 유언의 취지, 그 성명과 연월일을 직접 말하고, 이에 참여한 증인이 유언의 정확함과 그 성명을 말하는 내용을 전부 녹음해야 합니다.

- 장점 : 자필이 어려운 상황에서 구술로 간편하게 할 수 있습니다.
- 단점 : 녹음 과정에서 편집이나 조작의 의혹이 제기될 수 있으며, 목소리의 진위 여부 등에 대한 다툼의 소지가 있습니다.

유언장 작성 시 반드시 포함해야 할 내용과 유의사항

법적 효력을 갖춘 유언장을 작성하기 위해서는 다음의 내용을 명확하고 구체적으로 기재해야 합니다.

(1) 유언자의 인적사항

성명, 주민등록번호, 주소를 명확히 기재해 유언자를 특정합니다.

(2) 재산의 특정

상속재산을 누구나 알 수 있도록 명확하게 표시해야 합니다.

- 부동산 : 등기부등본상의 주소, 지번, 건물 내역 등을 정확히 기재
- 예금 : 금융기관명, 계좌번호, 예금의 종류 등을 특정
- 주식 : 회사명, 주식 종류(보통주·우선주), 수량을 명확히 기재

(3) 수증자의 특정 및 분배 방법

재산을 받을 사람(상속인 또는 제삼자)의 성명, 주민등록번호, 관계를 명확히 하고, 누가 어떤 재산을 얼마나 받을지(예 : 'A부동산은 장남 홍길동에게 유증한다', 'B예금은 배우자 이향단에게 상속분의 2/3, 장녀 홍춘향에게 1/3의 비율로 상속한다') 구체적으로 명시해야 합니다.

(4) 유언집행자의 지정

유언의 내용을 실현할 유언집행자를 지정하는 것이 중요합니다.

(5) 작성 이유 및 당부의 말

법적 효력과는 무관하지만, 재산을 특정 상속인에게 더 많이 배분하는 이유나 남은 가족들에게 당부하고 싶은 말을 진솔하게 남기는 것은 사후에 발생할 수 있는 감정적 분쟁을 예방하는 데 큰 도움이 됩니다.

(6) 법적 요건의 준수

앞서 설명한 다섯 가지 방식 중 선택한 방식의 법적 요건(자필, 날인, 증인 등)을 완벽하게 준수해야 합니다.

유언집행자의 지정과 역할

유언집행자는 유언의 내용을 실현하기 위해 필요한 모든 법률 행위를 할 권리와 의무를 가지는 사람으로, 성공적인 상속 절차의 '선장'과도 같은 역할을 합니다.

(1) 지정 방법

유언을 통해 특정인을 지정하거나, 제삼자에게 지정을 위탁할 수 있습니다. 지정이 없는 경우 상속인이 유언집행자가 되지만, 상속인 간 이해관계가 대립할 경우 원활한 집행이 어려우므로 신뢰할 수 있는 가족, 친구 또는 변호사, 세무사 등 법률·세무 전문가를 지정하는 것이 바람직합니다.

(2) 주요 역할

- 상속재산 목록 작성 및 관리
- 상속인에게 유언의 내용 고지
- 유증(유언에 의한 증여) 이행 및 등기·등록 절차 협력
- 상속재산에서 발생하는 과실(임대료 등) 수취 및 관리
- 필요시 소송 수행 등

(3) 지정의 중요성

유언집행자를 명확히 지정해두면, 상속인들이 개별적으로 재산을 처분하거나 은닉하는 것을 막고, 유언의 내용에 따라 일관되고 신속하게 상속 절차를 진행할 수 있습니다. 이는 상속세 신고 및 납부 절차를 원활하게 하고, 불필요한 분쟁을 예방하는 핵심적인 장치입니다.

마무리 요약 : 피상속인의 명확한 의사 표시, 법적 효력 갖춘 유언 작성이 중요

모든 상속·증여 설계의 시작과 끝은 피상속인의 명확한 의사 표시에 있습니다. 수십 년에 걸쳐 이룬 자산을 어떻게 배분할 것인지에 대한 창업주의 철학과 비전은 법적 효력을 갖춘 유언을 통해 비로소 완성됩니다. 법적 효력을 갖춘 유언은 상속재산 분할 협의 과정에서 발생할 수 있는 대부분의 분쟁을 원천적으로 차단하는 가장 강력한 수단입니다.

특히 가업승계와 같이 복잡한 이해관계가 얽힌 상속에서는 가장 안전하고 확실한 공정증서 방식으로 유언장을 작성하고, 신뢰할 수 있는 유언집행자를 지정해 피상속인의 최종적인 의사가 한 치의 오차 없이 실현될 수 있도록 제도적 안전장치를 마련하는 것이 좋습니다.

가업승계신탁의 설계 :
100년 기업을 위한 안전장치

가업승계신탁(이하 '가업승계 신탁')은 창업주(1세대)가 평생 일군 회사의 주식 등 핵심 자산을 신탁회사에 맡기고, 이를 통해 경영권은 안정적으로 후계자(2세대)에게 넘기면서도, 필요할 때까지 창업주의 통제력을 일정 부분 유지할 수 있도록 설계하는 승계 방식입니다.

법률에 '가업승계신탁'이라는 이름의 별도 제도가 존재하는 것은 아니지만, 실무에서는 유언대용신탁·가족신탁·수익자연속신탁 등의 구조를 가업승계 목적에 맞게 활용하는 경우를 편의상 이렇게 부르고 있습니다.

쉽게 말해, '내 회사의 주식을 믿을 수 있는 금고(신탁)에 넣어두고, 의결권이라는 리모컨은 내가 정한 후계자에게, 배당이라는 과실은 내가 지정한 가족에게 나눠주는 설계도'라고 이해해도 크게 틀리지 않습니다.

가업승계신탁의 기본 구조

가업승계신탁에는 네 가지 핵심 주체가 등장합니다. 이들의 관계를 이해하는 것이 첫걸음입니다.

구분	역할 및 주요 내용	비고
위탁자(Trustor)	창업주(1세대 경영자)	자산을 맡기는 주인입니다.
수탁자(Trustee)	신탁회사(금융기관, 법무법인 등)	자산을 보관하고 관리하는 관리자입니다.
수익자(Beneficiary)	후계자(2세대) 또는 가족	신탁 재산의 혜택(배당, 원본 등)을 받는 사람입니다.
신탁재산	비상장 주식, 토지, 현금 등	승계 대상이 되는 핵심 자산입니다.

왜 유언장 대신 신탁을 선택할까요?

유언장은 사망 후에만 효력이 발생하고, 유언집행 과정에서 상속인 간 다툼으로 시간이 지체될 위험이 있습니다. 반면, 신탁은 계약 즉시 효력이 발생하거나 사망과 동시에 즉각적인 집행이 가능해 경영 공백을 최소화할 수 있습니다.

또한, 유언에서는 '지분 + 의결권 + 배당권'을 한 번에 넘겨주는 느

낌이라면, 신탁에서는 소유·의결권·수익(배당)을 나누어 설계할 수 있어 가업승계의 디테일을 조정하기가 더 수월합니다.

단, 신탁 역시 계약서 작성, 법률 검토, 세무 검토 등 준비가 필요하므로 '복잡한 절차가 전혀 없는 마법 같은 수단'으로 이해하는 것은 위험합니다.

가업승계신탁의 세 가지 핵심 유형

가업승계신탁은 목적에 따라 크게 세 가지 형태로 설계할 수 있습니다. 우리 회사의 상황에 맞는 유형이 무엇인지 살펴보시기 바랍니다.

(1) 경영권 안정 목적 신탁 : 경영권 방어의 방패

회사의 지분을 여러 자녀에게 쪼개어 나눠주면, 훗날 형제간 다툼이 생기거나 제삼자가 개입해 경영권이 위협받을 수 있습니다. 이 신탁은 주식을 신탁 회사에 맡겨두고, 의결권은 미리 지정된 후계자 1인이 행사하도록 설정합니다.

- 활용 포인트 : 지분 관계가 복잡하거나 사위, 며느리 등 제삼자의 경영 간섭을 원천 차단하고 싶을 때 유용합니다. 창업주가 생전에 '상왕'으로서 경영에 관여하며 후계자를 보호하고 싶을 때도 효과적입니다. 또한 신탁 계약서에 '어떤 의사결정은 반드시 가족회의 또는 외부 자문위원 동의를 거치도록 하는 장치'를 넣어 독단적 의사결정을 견제하는 역할도 할 수 있습니다.

(2) 배당수익 분배 목적 신탁 : 가족의 생활비 보장

경영에 참여하지 않는 가족(배우자, 다른 자녀)에게까지 지분을 나눠주면 향후 의사결정 시 이해관계가 복잡해질 수 있습니다. 이때는 지분(경영권)은 후계자에게 집중시키되, 다른 가족에게는 배당이라는 '수익권'만 나눠주는 구조를 설계할 수 있습니다.

- 활용 포인트 : 경영권은 후계자에게 집중시키되, 다른 가족들의 경제적 소외감을 덜어주어 상속 분쟁을 예방합니다. 신탁 수익은 가족들의 생활비나 향후 상속세 납부 재원으로 활용될 수 있습니다. 단, 이렇게 배당을 특정 가족에게 몰아주는 구조는 유류분·증여세 이슈와 연결될 수 있으므로, 사전에 법률·세무 검토가 반드시 필요합니다.

(3) 조건부 승계 신탁 : 후계자 자질 검증 시스템

'아들이 경영을 잘할지 못 미더운데, 덜컥 주식을 다 줘도 될까?' 이런 고민이 있다면 이 유형이 정답입니다. 후계자에게 바로 주식을 넘겨주지 않고, 특정 조건(예 : 매출 달성, 신사업 성공 등)을 달성했을 때만 주식을 넘겨주도록 설계합니다.

- 활용 포인트 : 후계자의 경영 능력을 객관적으로 검증할 시간을 벌 수 있습니다. 만약 자질이 부족하다고 판단되면, 신탁 계약을 변경해 전문경영인 체제로 전환하는 등 대안을 마련할 수 있습니다. 단, 조건 설정이 지나치게 추상적이거나 자의적이면 나중에 가족 간 분쟁의 씨앗이 될 수 있으므로, 사전에 객관적인 지표와 의사결정 프로세스를 합의해두는 것이 중요합니다.

'가업상속공제'와 '가업승계신탁'의 병행 전략 :
두 마리 토끼 잡기

세금을 획기적으로 줄여주는 '가업상속공제'와 경영권을 지켜주는 '가업승계신탁'을 함께 사용하면 최상의 시너지를 낼 수 있습니다. 단, 세법상 요건이 까다로우므로 정교한 설계가 필수적입니다.

(1) 두 제도의 차이점 이해하기

구분	가업상속공제	가업승계신탁
주목적	세금 절감(최대 600억 원 공제)	경영권 보호 및 분쟁 방지
적용 대상	법정상속인(요건 충족 시)	계약에 따라 지정된 수익자
핵심 조건	피상속인의 지속 경영, 상속인 대표이사 취임, 사후관리(업종·고용·자산 유지 등)	신탁 계약 내용의 충실한 이행, 세법상 실질과세 원칙 충족
리스크	사후관리 위반 시 공제액 전액 추징 가능	유류분, 증여·상속세 과세시점· 평가이슈, 의결권 행사 제한 등

(2) 병행 전략의 핵심 포인트

- 가업상속공제 대상 주식의 선별 : 세금 혜택을 받을 수 있는 핵심 지분은 대표이사가 될 후계자에게 직접 상속해서 공제 혜택(최대 600억 원)을 챙깁니다.

- 잔여 주식의 신탁화 : 공제 한도를 초과하거나 비경영 자녀 몫의 지분은 신탁에 맡겨 분쟁을 막습니다.

- 유언대용신탁 활용 : 사망과 동시에 주식 소유권이 명확히 이전되도록 계약해 상속인 간 다툼을 예방합니다.

- 조건부 위탁 : 공제 대상 주식이라도 일단 상속인 명의로 이전한 뒤, 경영권 방어 목적의 신탁 계약을 체결해 관리의 효율성을 높입니다.
- 철저한 사후관리 대비 : 신탁 계약서에 가업상속공제의 사후관리 요건(고용 유지, 자산 유지 등)을 준수하도록 의무 조항을 넣어, 세금 추징 리스크를 방지합니다.

실전 시나리오 : 우리 회사에 맞는 전략 찾기

이론보다 실제 사례를 보면 이해가 훨씬 빠릅니다. 대표적인 세 가지 상황별 전략을 소개합니다.

(1) 시나리오 1 : 형제간 분쟁 방지형(제조업 A기업)

- 상황 : 매출 400억 원의 알짜 기업입니다. 장남은 임원으로 근무 중이나, 의사인 차남은 경영에 무관심합니다.
- 전략 : 지분은 장남 70%, 차남 30%로 나눕니다. 장남은 '가업상속공제'를 받아 세금을 줄이고 경영권을 행사합니다. 차남의 30% 지분은 '신탁'에 맡겨 의결권은 장남에게 위임하되, 차남은 배당금만 챙기도록 합니다. 또한 신탁 계약으로 차남이 주식을 제삼자에게 함부로 팔지 못하게 묶어둡니다. 필요시 장남 또는 회사가 우선 매수할 수 있는 옵션(콜옵션)을 넣습니다.
- 효과 : 장남은 안정적인 경영권을 확보하고, 차남은 경제적 실리를 챙겨 형제간 다툼을 막습니다.

(2) 시나리오 2 : 후계자 경쟁형(중견기업 B기업)

- 상황 : 자산 800억 원의 중견기업입니다. 장녀와 장남 모두 회사에 근무 중이라 누가 후계자가 될지 미정입니다.

- 전략 : 창업주 주식 100%를 신탁회사에 맡기고 '가족협의회'를 구성합니다. 창업주 유고 시 가족협의회(자녀들+외부 전문가)가 논의해 능력이 입증된 자녀를 후계자로 정합니다. 최종적으로 선정된 후계자는 대표이사에 취임하고, 가업상속공제 요건을 충족하는 지분을 상속받도록 설계합니다.

- 효과 : 섣불리 후계자를 정해 발생할 수 있는 리스크를 줄이고, 공정한 경쟁을 유도합니다. 최종 선정된 후계자는 가업상속공제를 받아 세금 부담을 덜고 회사를 이끌게 됩니다.

(3) 시나리오 3 : 사업 분리형(지주회사 C기업)

- 상황 : 제조업(핵심 사업)과 부동산 임대업(비핵심 사업)을 함께 운영 중입니다.

- 전략 : 장남에게는 제조업 관련 지분을 상속해 '가업상속공제'를 받게 합니다. 차남에게는 부동산 임대업 관련 자산을 '신탁'으로 넘겨줍니다. 만약 차남이 임대업 운영을 잘 못하면, 장남의 회사가 이를 흡수할 수 있는 옵션도 계약에 넣어둡니다.

- 효과 : 가업상속공제 요건(사업 무관 자산 제외 등)을 충족하면서도, 자녀들의 적성에 맞춰 사업을 합리적으로 분배할 수 있습니다. 향후 필요시 사업 매각이나 통합 등 유연한 대응이 가능합니다.

가업승계신탁의 한계와 미래 과제

가업승계신탁은 매우 강력한 도구지만, 만능열쇠는 아닙니다. 도입 전 반드시 체크해야 할 이슈들이 있습니다.

(1) 유류분 문제

최근 헌법재판소 결정으로 형제자매의 유류분 권리가 사라졌지만, 배우자와 자녀의 유류분 권리는 여전합니다. 신탁 재산이 유류분 산정 대상에 포함될 수 있어 이에 대한 법적 검토가 필요합니다.

(2) 의결권 제한

자본시장법상 신탁업자가 주식 의결권을 행사하는 데 일부 제약이 있을 수 있습니다. 따라서 의결권 행사를 지시하는 권한을 누구에게, 어떻게 부여할지 정교하게 설계해야 합니다.

(3) 세법상 실질과세 원칙

명목상으로는 신탁 구조를 거쳤더라도, 실질적으로는 특정 상속인·수익자에게 지배력과 경제적 이익이 귀속된다면 증여세·상속세 과세 시점과 세액이 달라질 수 있습니다. '신탁이니까 과세가 유예되거나 줄어든다'라는 식의 단순한 기대는 위험합니다.

(4) 비용·운용 리스크

신탁에는 설정 수수료·연간 보수 등 비용이 발생합니다. 수탁자의 운용 능력, 신탁 계약의 해석 차이, 수탁자 변경 필요 등 운용 과정에서의 리스크도 고려해야 합니다.

결론적으로 가업승계신탁은 '100년 기업'으로 가기 위한 가장 안전한 다리입니다. 하지만 그 다리를 튼튼하게 놓기 위해서는 세무 전문가, 법률 전문가와 함께 우리 회사의 상황을 면밀히 분석하고 설계하는 과정이 반드시 선행되어야 합니다.

에필로그

가장 확실한 절세는 '시간'을
내 편으로 만드는 것입니다

이 책의 마지막 장을 덮는 지금, 독자 여러분께 다시 한번 강조하고 싶은 단 하나의 키워드를 꼽으라면, 그것은 단연 '시간'입니다.

앞서 우리는 사전증여를 통한 분산 효과, 가업상속공제의 활용, 부동산 감정평가 전략, 유언과 유언집행을 통한 분쟁 예방 등 다양한 세무·법률 전략을 살펴봤습니다. 그런데 이 모든 전략을 조용히, 그러나 강하게 관통하고 있는 전제는 하나였습니다. 바로 충분한 시간을 확보한 상태에서 움직이느냐, 그렇지 못하느냐입니다.

현행 세법은 사망 전 일정 기간 동안의 거래를 다시 끌어와 합산합니다.

- 상속인에 대한 증여는 사망 전 10년, 그 밖의 자(비상속인)에 대한 증여는 사망 전 5년을 소급해 합산
- 부동산 증여 후 양도소득세 이월과세 적용 기간 역시 10년으로 연장

이는 곧, 세법이 허용하는 온전한 절세 효과를 얻고자 한다면 최소한 10년이라는 시간 축을 염두에 두고 상속·증여 설계를 시작해야 함을 의미합니다.

건강이 악화되거나 인지 능력이 흐려진 뒤, 혹은 상속이 임박한 시점에 급히 수립하는 대책은 효과가 제한적일 수밖에 없습니다. 오히려 시세와 동떨어진 무리한 자산 처분, 급조된 거래 구조는 과세관청의 의심을 불러일으키고, 가산세라는 부메랑으로 돌아오며, 남겨진 가족 간 분쟁의 불씨가 되기도 합니다.

"가장 늦었다고 생각할 때가 가장 빠른 때"라는 말이 있지만, 상속·증여 설계만큼은 예외일지 모릅니다. 한번 지나간 시간은 돈으로 되살릴 수 없고, 놓쳐버린 골든타임은 어떤 상품과 전략으로도 완전히 복구할 수 없기 때문입니다.

이제 여러분은 '작은 부자'들이 흔히 빠지는 착각에서 한 발짝 떨어져, 자산을 지키는 구체적인 원칙과 방법론을 갖게 되었습니다. 남은 과제는 지식이 아니라 실행입니다.

지금 이 시점에서, 다음 세 가지를 꼭 실천해보시기를 권합니다.

첫째, 자산 목록을 다시 써보십시오.

부동산, 금융자산, 비상장 주식 등 보유 자산의 현황과 대략적인 시가를 적어보십시오. 그 목록을 바탕으로 '지금 상속이 개시된다면 상속세가 어느 정도일까'를 가늠해보십시오. 대략적인 규모를 아는 것만으로도 대응의 방향이 달라집니다.

둘째, 전문가와 함께 로드맵을 그려보십시오.

이 책에서 다룬 내용을 토대로 공인회계사, 변호사 등과 상의해 구체적인 플랜을 설계하십시오. '언제, 어떤 자산을, 어떤 방식으로 이전할 것인지'를 연도별·단계별 그림으로 만들어두면, 향후 의사결정의 기준이 훨씬 명확해집니다.

셋째, 가족과 대화를 시작하십시오.

자산 규모 못지않게 중요한 것은 서로의 기대와 생각을 맞춰가는 일입니다. 상속 구조, 역할 분담, 유언장 및 신탁 등 법적 장치를 미리 마련해두는 것은 세금보다 더 무서운 가족 간 다툼을 막는 가장 현실적인 장치입니다.

여러분이 평생을 바쳐 일군 부(富)가 단지 세금으로 소모되거나, 형제자매 간 갈등의 원인이 되는 것이 아니라, 사랑하는 가족과 기업의 미래를 지탱하는 든든한 기초가 되기를 진심으로 바랍니다.

상속과 승계는 언젠가 반드시 마주해야 할 마지막 관문입니다. 준비되지 않은 승계는 부담이지만, 충분히 준비된 승계는 분명한 축복입니

다. 그 축복을 위한 첫걸음을, '언젠가'가 아니라 오늘 내딛으시기를 바
랍니다.

　감사합니다.

작은 부자를 위한
상속·증여세와 경영권 승계

초판 1쇄 2026년 3월 19일

지은이 임방진, 박재정, 한준호
펴낸이 허연 　　　　**펴낸곳** 매경출판㈜
기획제작 ㈜두드림미디어
책임편집 최윤경 　　　**디자인** 노경녀 nkn3383@naver.com
마케팅 한동우, 박소라, 김영관

매경출판㈜
등록 2003년 4월 24일(No. 2-3759)
주소 (04557) 서울특별시 중구 충무로 2(필동 1가) 매일경제 별관 2층 매경출판㈜
홈페이지 www.mkbook.co.kr
전화 02)333-3577
이메일 dodreamedia@naver.com(원고 투고 및 출판 관련 문의)
인쇄·제본 ㈜M-print 031)8071-0961

ISBN 979-11-6484-864-5 (03320)

책 내용에 관한 궁금증은 표지 앞날개에 있는 저자의 이메일이나
저자의 각종 SNS 연락처로 문의해주시길 바랍니다.

책값은 뒤표지에 있습니다.
파본은 구입하신 서점에서 교환해드립니다.